Hernán Camilo Castellanos Granados

Arquitectura de Interoperabilidad de la historia clínica electrónica

AF548017

Hernán Camilo Castellanos Granados

Arquitectura de Interoperabilidad de la historia clínica electrónica

Una mirada hacia su implementación en Colombia

PUBLICIA

Imprint
Any brand names and product names mentioned in this book are subject to trademark, brand or patent protection and are trademarks or registered trademarks of their respective holders. The use of brand names, product names, common names, trade names, product descriptions etc. even without a particular marking in this work is in no way to be construed to mean that such names may be regarded as unrestricted in respect of trademark and brand protection legislation and could thus be used by anyone.

Cover image: www.ingimage.com

Publisher:
PUBLICIA
is a trademark of
International Book Market Service Ltd., member of OmniScriptum Publishing Group
17 Meldrum Street, Beau Bassin 71504, Mauritius

Printed at: see last page
ISBN: 978-620-2-43134-7

Copyright © Hernán Camilo Castellanos Granados
Copyright © 2018 International Book Market Service Ltd., member of OmniScriptum Publishing Group

Este libro hace parte del resultado de mi trabajo de tesis de la maestría en gestión, aplicación y desarrollo de software, desarrollado en la Universidad Autónoma de Bucaramanga UNAB, también recojo información de mi experiencia profesional en proyectos de interoperabilidad de historia clínicas electrónicas. Espero que la disfrute y le resulte útil.

Le dedico lo escrito a mi esposa Adriana y a mi hijo Camilo José, también a mi Madre Ana Cleofe por sus sabios consejos.

También envío un agradecimiento a mis tutores en el área Juan Carlos García Ojeda y Alfonso Rodríguez Suárez por sus aportes y acompañamiento en el proceso.

CONTENIDO

pág.

LISTA DE FIGURAS

pág.

LISTA DE CUADROS

pág.

LISTA DE ANEXOS

INTRODUCCIÓN

Actualmente la interoperabilidad entre sistemas de información para la gestión de la información en el dominio de la salud es una prioridad para todos los gobiernos, por esta razón se han venido desarrollando iniciativas que ofrecen soluciones a los problemas de intercambio de información entre los sistemas de las instituciones que hacen parte del contexto de la salud. Por ejemplo, estándares como HL7 y OpenEHR se han creado con el fin de proporcionar un método estructurado para la gestión de la información en el ámbito de la salud.

De igual manera la industria de TI está generando nuevos productos basados en estos estándares, orientados a garantizar una mejor comunicación entre los diferentes actores de los sistemas de salud a nivel mundial.

En Colombia, existen alrededor de 48 millones de habitantes que son atendidos por cerca de 3200 prestadores de servicios de salud[1] .La categorización de los hospitales en Colombia está diseñada de acuerdo con la capacidad que tiene cada una de estas instituciones para ofrecer diferentes tipos de servicios, así los hospitales de primer nivel son hospitales donde se ofrecen servicios de atención básica, ya que solo cuentan con personal médico para labores de consulta general.

Los hospitales de segundo nivel son llamados hospitales de mediana complejidad, gracias a que cuentan con mejores dotaciones de equipos médicos, personal especializado y laboratorio clínico.

Así mismo los hospitales de tercer nivel se denominan así por que prestan servicios de alta complejidad incluyendo especialistas en diferentes áreas del conocimiento médico, quienes prestan sus servicios las 24 horas del día, allí son remitos los pacientes que por circunstancias como el alto nivel de gravedad en su estado de salud, no pueden ser atendidos en los hospitales de nivel 1 y 2.

Los sistemas de comunicación existentes entre las diferentes instituciones prestadoras de servicios de salud no son lo suficientemente eficientes, de tal manera que en muchos casos la atención del paciente es realizada basándose en

---

[1] DE LA CRUZ, E., et al. A reference architecture for integrated EHR in Colombia. [en línea]. En: Studies In Health Technology And Informatics. 2011. vol. 169, p. 305–309. Disponible en: <http://www.scopus.com/inward/record.url?eid=2-s2.0-83055187684&partnerID=40&md5=12144726def3374c2602cd5a7fd6319d>

la información que estos puedan proporcionar al personal médico. Lo que deja ver la necesidad de que los sistemas de información clínicos como el de historia clínica electrónica EHR estén intercambiando información de forma permanente.

1. MARCO TEÓRICO

1.1 ANTECEDENTES

A continuación, se presentan los antecedentes que le dan origen al proyecto de interoperabilidad de historias clínicas electrónicas. Se tomó como referencia solo los sucesos ocurridos en Colombia, ya que es en entorno particular de estudio.

Figura 1. Antecedentes de la historia clínica electrónica en Colombia

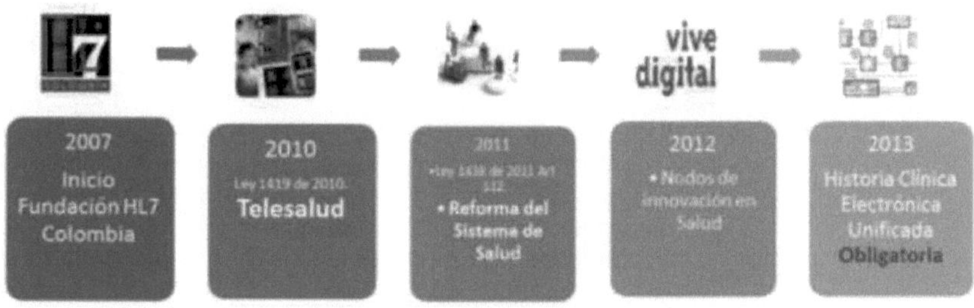

1.1.1 Fundación HL7. En Colombia existe un capítulo de HL7 Internacional llamado Fundación HL7 Colombia que promociona el uso de éste estándar en el país. Actualmente la fundación es coordinada desde la Universidad ICESI de Cali, desde donde se han conformado los comités técnicos de casos de uso en los temas de órdenes, resultados de laboratorio cínico, dermatología, historia clínica electrónica e integración empresarial en salud[2].

La fundación HL7 ayudaría con el apoyo en la creación de una Historia Clínica Digital, que permitiría la unificación de las historias clínicas y su consolidación y/o intercambio entre las entidades de Salud, sin embargo, en el sitio web de dicha institución no se ha publicado información acerca del trabajo desarrollado durante los últimos tres años.

1.1.2 Ley 1419 de 2010. Esta ley tiene como propósito implantar la Telesalud en Colombia para que sirva como soporte al Sistema General de Seguridad Social en Salud (Republica., 2010).

---

[2] TAMURA, Gabriel; VILLEGAS, Nhora y PORTILLA, Fernando. Aspectos metodológicos del proceso de adopción del estándar HL7v3 en Colombia: la experiencia del Comité Técnico de Casos de Uso de Laboratorio Clínico. [en línea]. En: Revista Sistemas y Telemática. 2009. vol. 7.p 20. Disponible en: <http://bibliotecadigital.icesi.edu.co/biblioteca_digital/bitstream/item/2134/1/aspectos_metodologicos_hl7.pdf>

Las propuestas más importantes de la presente ley son:

- El desarrollo de un mapa de conectividad que permitirá en desarrollo de la Telesalud en Colombia.
- La creación de un portafolio de servicios que incluya la Telemedicina en el plan obligatorio de salud POS y en el portafolio de servicios de los aseguradores y prestadores de servicios del sistema general de seguridad Social.
- Promover la inclusión en los pensum de los programas académicos relacionados con las áreas de la salud y los programas afines a las tecnologías de la Información y las comunicaciones, conocimientos en Telesalud.
- Creación de comités y redes de conocimiento apoyados en las TIC para desarrollar investigaciones, proyectos e ideas en el tema de Telesalud.

1.1.3 Ley 1438 de 2011. En el artículo 112 de la presente ley dice: "El Ministerio de la Protección Social, a través del Sistema Integrado de Información de la Protección Social (Sispro), articulará el manejo y será el responsable de la administración de la información. Las bases de datos de afiliados en salud se articularán con las bases de datos de la Registraduría Nacional del Estado Civil, el Ministerio de Hacienda y Crédito Público, la Dirección de Aduanas e Impuestos Nacionales, el Sisbén y de las Entidades Promotoras de Salud para identificar a los beneficiarios y su lugar de residencia, entre otras, dicha articulación deberá estar implementada antes del 31 de diciembre de 2012."[3]. Lo que significa que se busca que los sistemas de información del estado tengan interoperabilidad con el sistema integrado de protección social Sispro. Este sistema de información integra importantes bases de datos de diferentes sistemas de información del sector salud en una gran bodega, lo que permite servir de apoyo en la toma de decisiones y hacer un monitoreo y control permanente sobre el sistema de salud de Colombia.

En el parágrafo transitorio del mismo artículo, dice que la historia clínica única electrónica será de obligatoria aplicación antes del 31 de diciembre de 2013 y que será de plena validez probatoria.

Sin embargo, el cumplimiento de la puesta en marcha de la historia clínica electrónica en todo el país no va a ser tan rápido como se esperaba, primero porque el órgano rector de la iniciativa que es el ministerio de salud y protección social no ha definido los estándares para el desarrollo de la EHR interoperable, segundo porque dicho organismo no va a desarrollar ninguna solución de software a gran escala que pueda ser utilizadas por las entidades prestadoras de servicios de salud[4]

---

[3] COLOMBIA. CONGRESO DE LA REPUBLICA. Ley 1438 (2011). Disponible en: <http://www.secretariasenado.gov.co/senado/basedoc/ley/2011/ley_1438_2011.html>

[4] DUQUE, Hector. Salud Electrónica- Estandarización. [en línea]. Bogotá, D.C. 2012. Disponible en: <http://vivedigital.gov.co/idi/wp-content/uploads/2012/09/Presentacion-Hector-Minsalud.pdf>

y tercero porque los proyectos de salud electrónica propuestos en departamentos importantes como Santander, Boyacá y Cundinamarca a Diciembre de 2012 no han iniciado su ejecución.

1.1.4 Nodos de Innovación Ministerio de Tecnologías de la Información- Nodo Salud. En sus esfuerzos por mejorar el sistema de salud Colombiano por medio del uso de las TIC, el ministerio de tecnologías de la información recientemente ha creado el nodo de Innovación en salud NDI-Salud, esta organización tiene como objetivo cerrar la brecha de las inequidades en salud a partir de las ideas y proyectos generados en el Nodo, cuya participación está abierta a cualquier entidad o institución que demuestre interés y competencias en los temas prioritarios para el mejoramiento del sistema de salud Colombiano y que pertenezca al subsistema de innovación para el uso y apropiación de TIC en el gobierno.

Dentro de las actividades desarrolladas en el nodo están la divulgación de la convocatoria 604 de Colciencias, cuyo objetivo fue la conformación de un Banco de Proyectos de Desarrollo Tecnológico e Innovación elegibles para el fomento del uso y apropiación de TIC en entidades estatales, en las temáticas de Arquitectura TI y Salud[5].

Figura 2. Nodo de innovación en salud

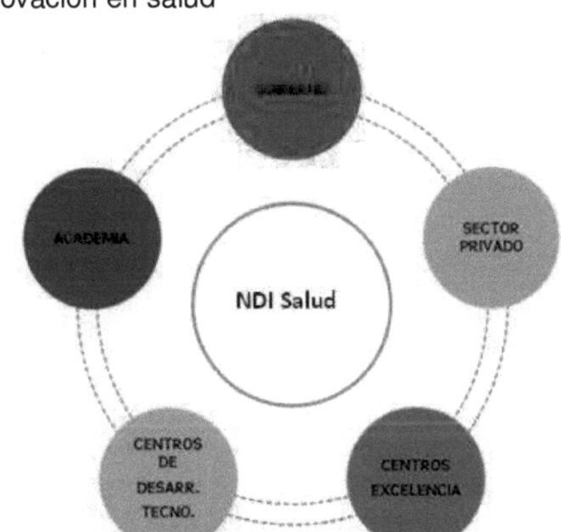

Fuente: TRIANA, H.S. Agenda estratégica de innovación. 2012.

[5] Osorio, Cristian. Nodo de Innovación Salud. . [en línea]. Bogotá D.C. 2012. Disponible en: <http://vivedigital.gov.co/idi/wp-content/uploads/2012/08/Presentaci%C3%B3n-NDI-Salud1.pdf>

1.1.5 Agenda Estratégica de Innovación en Salud. La agenda estratégica de innovación en salud nace como producto de la legislación en salud electrónica que se ha generado en Colombia, este trabajo identifica los vectores priorizados para el desarrollo de proyectos en el área de salud apalancados por las TIC[6]

Figura 3. Vectores de desarrollo en salud prioritarios

Fuente: TRIANA, H.S. Agenda estratégica de innovación. 2012.

1.1.6 Vectores de desarrollo. Los vectores constituyen las apuestas a las que le hace el gobierno nacional para reestructurar el funcionamiento del sistema de salud en Colombia. Cada uno de estos vectores tiene a su vez un portafolio especificado de temáticas para el desarrollo de proyectos destinados a disminuir la brecha en el acceso y la prestación de servicios de salud de calidad.

- **Generación de Entorno Normativo y de Estandarización.** Antes de iniciar con la ejecución, es necesario definir los estándares normativos, técnicos y de comunicación entre las soluciones que se pretende desarrollar. De lo contrario, se estarían automatizando actividades que desde la capa de negocio están mal definidas, como la comunicación y el flujo de información entre las diferentes instituciones. En este vector es donde se debe definir los estándares semántico, sintáctico y tecnológico sobre los cuales se deben basar las iniciativas de cambio.

- **Infraestructura TIC para el Sector Salud.** Este vector tiene como propósito identificar las necesidades en cuanto a hardware, software, procesos, personas

[6] TRIANA, H. S. Agenda estratégica de innovación - Nodo salud. . [en línea]. Bogotá D.C. 2012. Disponible en: <http://vivedigital.gov.co/idi/wp-content/uploads/2012/09/Agenda-Estrat%C3%A9gica-de-Innovaci%C3%B3n-Salud.pdf>

necesarias para habilitar el acceso a los servicios de salud. Dentro de las líneas temáticas están el desarrollo de software, la robótica, biomedicina, entre otras.

- **TIC Para el Acceso a la Salud.** Este vector propone el uso de las TIC para la atención remota de pacientes (Telemedicina) fortaleciendo de esta manera la capacidad de resolución de problemas a las IPS de menor nivel. Las líneas temáticas propuestas son la construcción de soluciones para Telesalud, el uso de tecnologías masivas de comunicación para la difusión de temas de interés del sector como asesorías psicológicas, consultas en línea, derechos, etc.

- **Historia Clínica Electrónica Unificada.** Este es uno de los vectores más importantes, el cuál por medio del libro busca dar pautas técnicas, semánticas y sintácticas que puedan ayudar al personal de TI y funcional en la habilitación de los sistemas de HCE de las IPS y otros sistemas para que puedan intercambiar información clínica, de esta manera se mejoraría la disponibilidad, accesibilidad, calidad y usabilidad de la información para que sirva como principal evidencia en la toma de decisiones de carácter operativo y administrativo.

- **Seguridad del Paciente.** Este vector promueve el establecimiento de protocolos que aseguren la prestación de un servicio de alta calidad al paciente, el cual minimice la presencia de errores médicos. Se propone la construcción de soluciones que permitan hacer la trazabilidad de un paciente durante el proceso de atención, permitiendo determinar eventos y variables que pueden afectar su seguridad a fin de determinar estrategias de solución que eviten su ocurrencia.

- **Educación, Formación y Divulgación.** Este vector propone el uso de las TIC para capacitar a los diferentes actores del sistema de salud (E Learning) en los avances en ciencia, nuevos tratamientos que permitan por ejemplo a los profesionales contar con nuevos conocimientos para ofrecer un servicio de mejor calidad.

Figura 4. Subsistema de innovación en salud

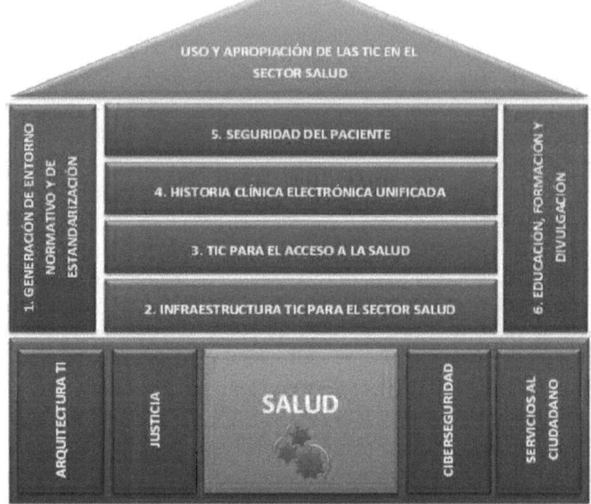

Fuente: TRIANA, H.S. Agenda estratégica de innovación. 2012.

A continuación, se presenta un mapa con una serie de normas, marcos y acuerdos que regulan la interoperabilidad en Colombia.

Figura 5. Normatividad disponible sobre historia clínica electrónica en Colombia

Fuente: Elaboración propia

1.2 LA HISTORIA CLÍNICA ELECTRÓNICA

En la actualidad, uno de los principales retos para los sistemas de salud en el mundo es lograr una gestión eficiente de la información, de tal manera que se garantice la seguridad, consistencia, disponibilidad y la posibilidad de intercambio de información entre la diversa gama de sistemas de software que existen en el mercado, estas características aplicadas al manejo de la información clínica permiten la disminución de los costos operativos a las organizaciones, mejoran la eficiencia y promueven el mejoramiento de la calidad en la atención al cliente, lo que redunda en una mejor calidad de vida de los ciudadanos.

Uno de los dominios de mayor relevancia para el sector salud corresponde a la historia clínica electrónica EHR (*Electronic Healt Record*). La historia clínica electrónica es considerada como un repositorio de información acerca del estado de salud de una persona, además de todos los aspectos directa o indirectamente relacionados con el cuidado de la salud de ésta y cuya gestión es realizada por medio de un dispositivo electrónico computarizado.

De acuerdo con la ISO 20514[7], la EHR es un repositorio de información que define el estado funcional de salud de un individuo, esta contiene información retrospectiva, concurrente y prospectiva de múltiples fuentes, de igual manera puede ser procesado, almacenado y difundido de manera segura con recursos TIC siempre que se maneje un sistema de permisos para usuarios debidamente acreditados y autorizados.

La EHR dispone de un modelo de información basado en estándares independiente de plataforma. Convirtiéndolo en un modelo abierto para su implementación en cualquier tecnología: en síntesis su misión es dar soporte a la continuidad asistencial, la calidad y la eficiencia en la provisión de servicios orientados al mantenimiento de la salud[8].

Figura 6. Historia Clínica Electrónica EHR

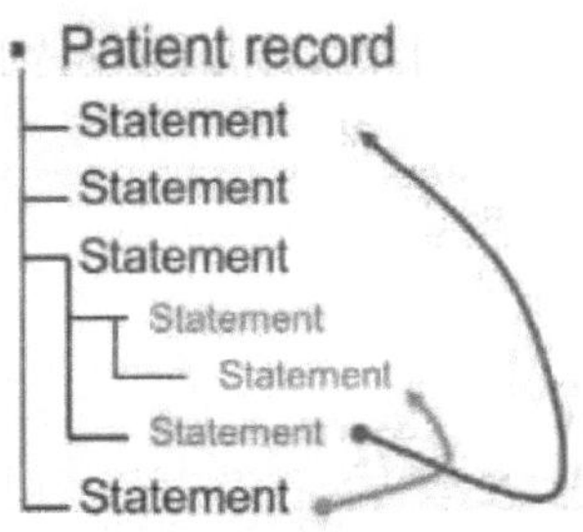

[7] INTERNACIONAL ORGANIZATION FOR STANDARIZATION. Health informatics -- Electronic health record -- Definition, scope and context. ISO/TR 20514:2005. [en línea]. 2005. 27 p. December 20, 2012, Disponible en: <http://www.iso.org/iso/home/store/catalogue_tc/catalogue_detail.htm?csnumber=39525>

[8] VILALTA, Josep. Estado del arte en interoperabilidad. . [en línea]. Madrid. December 20, 2012. Disponible en: <http://www.seis.es/documentos/foros/SEIS_EstadoArteInteroperabilidad>

Fuente: VILALTA, Josep. Estado del arte en interoperabilidad. 2012.

Como se aprecia en la figura 5, la historia clínica electrónica está compuesta por un encabezado que contiene la información de identificación del documento, la segunda parte del documento contiene el cuerpo del documento donde son registrados por medio de sentencias (statement) que registran los actos clínicos que le son practicados a un paciente. Además, se puede apreciar que cuando una sentencia esta subdividida en otras sentencias, éstas son ubicadas dentro de dicha sentencia en una organización tipo anidada.

Posteriormente se da una explicación más clara en el ítem de Clinical Document Architecture.

1.3 NECESIDADES REFERENTES A LA HISTORIA CLÍNICA ELECTRÓNICA

El sector de salud constantemente experimenta nuevos cambios producto del desarrollo científico y tecnológico, cuya función está relacionada con el descubrimiento de nuevas patologías, publicación de tratamientos novedosos, elaboración de nuevos medicamentos, construcción de dispositivos médicos, automatización de tareas, entre otros. Eventos que se ven reflejados en la prestación de servicios médicos de mayor calidad y en el registro de nueva información en la EHR.

Como consecuencia, este Core de negocio necesita de un robusto sistema de recolección de datos de los pacientes y de múltiples proveedores del sector salud, además de almacenar los datos en varios sistemas informáticos dispuestos en varias ubicaciones, dicha información luego debe ser electrónicamente transferible para ser almacenada y consolidada en la EHR de manera segura y disponible en un formato computacional, de tal manera que posteriormente cualquier software o usuario autorizado al pueda extraer información de forma fácil cuando esta sea requerida[9].

Sin embargo, lograr la comunicación entre los sistemas de software que gestionan datos clínicos es un reto fundamental de los sistemas de salud a nivel mundial debido a la carencia de estándares para la gestión de la información, esto tiene como consecuencia que cada institución perteneciente al sector de la salud haga uso de mecanismos propios para la recolección de los datos, gestione procesos de acuerdo con sus necesidades internas además de la utilización de aplicativos de

[9] HOVENGA, E J S y GARDE, S. Electronic health records, semantic interoperability and politics. [en línea]. En: Electronic Journal of Health Informatics, 2010 vol. 5 (1). Disponible en: <http://www.scopus.com/inward/record.url?eid=2-s2.0-79955381445&partnerID=40&md5=faba69a8653f6916553c3ef1b8814b65>

software heterogéneos que no han sido diseñado pensando en la interoperabilidad lo que hace difícil su integración para la ejecución exitosa de los procesos del negocio.

1.4 INTEROPERABILIDAD DE LA HISTORIA CLÍNICA

Según Bass, Clements y Kazman[10]. En la más reciente versión de su libro Software Architecture in practice, la interoperabilidad se relaciona con el grado en que dos o más sistemas pueden útilmente intercambiar información vía interfaces en un contexto particular.

En este sentido la información de la EHR debe permanecer en un estado de disposición tal que, entre sistemas de gestión de datos clínicos, estadísticos, de toma de decisiones, gubernamental u otro puedan intercambiar datos y darle la utilidad requerida.

Cuando se habla de interoperabilidad de EHRs es importante distinguir los niveles de interoperabilidad que se pueden dar. Según Bernd Blobel, una de las autoridades en el tema de interoperabilidad de acuerdo con su número de publicaciones[11] existen varios niveles de interoperabilidad que pueden ser aplicables de acuerdo con el caso de negocio y el tipo de interacción requerida: La interoperabilidad técnica, (ej. Compatibilidad entre protocolos y señales, Plug and Play), interoperabilidad estructural (ej. Intercambio Electrónico de Datos Simple), interoperabilidad sintáctica (ej. Mensajes, documentos clínicos, vocabulario acordado), interoperabilidad semántica (ej. mensajería avanzadas, modelos de información común y terminología basada en ontologías) e interoperabilidad organizacional/de servicios (comunicación entre procesos de negocio en común).

Si se logran desarrollar EHRs que cuenten con niveles de interoperabilidad sintáctica, semántica y de servicios, se garantizaría que las instituciones que ya cuentan con sistemas de información para la gestión de información clínica no tengan que hacer una transición hacia nuevos sistemas, en vez de ello, se debería crear una nueva capa que provea de interfaces basadas en dichos estándares para comunicarse entre sí, como resultado se tendría una comunicación donde no hay dependencia tecnológica, se disminuye notablemente es impacto financiero ya que no se cambiarían las tecnologías ya existentes y mejoraría la seguridad del paciente al disminuir la probabilidad de errores médicos producto de la no disponibilidad de la información.

---

[10] BASS, Len; CLEMENTS, Paul y KAZMAN, Rick. Software architecture in practice . (3rd ed.). Upper Saddle River, {NJ}: Addison-Wesley. 2013.

[11] BLOBEL, B. G. M. E., y PHAROW, P. Analysis and evaluation of EHR approaches, 2008. vol. 136, p 359-364. Disponible en: <http://www.scopus.com/inward/record.url?eid=2-s2.0-44349171237&partnerID=40&md5=ed25add3fa2a616e57b4a3a0374cd0ad>

1.4.1 Interoperabilidad Sintáctica o Funcional. La interoperabilidad sintáctica, hace referencia a las reglas utilizadas para la construcción de un mensaje, en la práctica esto consiste en la posibilidad de que dos sistemas de información EHR puedan elaborar mensajes basados en unas reglas e intercambiarlos en un momento dado[12], por consiguiente el alcance de este tipo de interoperabilidad es solo la comunicación entre sistemas de información.

1.4.1.1 Healt Level 7. Healt Level Seven HL7 es una organización sin ánimo de lucro cuyo objetivo es la creación de mecanismos que permitan e intercambio de información entre los sistemas de información de las instituciones relacionadas con el área de la salud. Esta institución fue creada en Estados Unidos y cuenta con presencia en más de cincuenta países, entre ellos el capítulo Colombia[13].

Esta entidad, en asocio con el American National Standar Institute ANSI, han desarrollado un estándar llamado HL7, el cual permite que los sistemas de información de las organizaciones del área de la salud puedan administrar y trabajar de forma colaborativa en la gestión de su información, permitiendo así que las instituciones de dicho sector puedan operar de forma más eficiente, los tiempos de respuesta en la atención a un paciente disminuyan y se haga un manejo automatizado de la información clínica destinada a su consulta por parte de los sistemas de información basados en el estándar[14].

Actualmente se encuentra vigente la versión 3 de este estándar especificado por medio del lenguaje XML y para el caso del Reference Information Model RIM la especificación se basa en el lenguaje UML (Lenguaje Unificado de Modelado) que permite de una forma más sencilla especificar las aplicaciones de software basadas en el estándar, además incluye mecanismos que le permiten adaptarse a cualquier contexto sanitario internacional y posee mecanismos que a futuro le dan compatibilidad con las nuevas versiones de HL7.

Hay que tener en cuenta que HL7 no solo define esquemas en XML basadas en el Reference Information Model, sino también creó una norma separada llamada HL7 CDA (Clinical Document Architecture) la cual describe una estructura para el intercambio de documentos clínicos haciendo uso de XML[15].

---

[12] DUQUE, Héctor. Salud Electrónica- Estandarización. [en línea]. Bogotá, {D.C}. Disponible en: <http://vivedigital.gov.co/idi/wp-content/uploads/2012/09/Presentacion-Hector-Minsalud.pdf>

[13] LOPEZ DAVID, Villegas Antonio. *Transformación de modelos del estándar de salud {HL7} a {UML/OCL}*. [en línea]. Universitat Politècnica de Catalunya {(UPC)}, Barcelona. 2011. Disponible en: <http://upcommons.upc.edu/pfc/bitstream/2099.1/12477/1/73562.pdf>

[14] Ibid.

[15] BRZEZIŃ ANDSKI, J.; CZAJKA, S.; KOBUSIŃ ANDSKI, J. y PIERNIK, M. Healthcare Integration Platform. doi:10.1109/ISMICT.2011.5759795. 2011. p. 52 -55.

1.4.1.2 Metodología de HL7 v 3. La versión del estándar HL7 v 3 está basado y expresado en el estándar XML y sus derivados que permiten construir mensajes y documentos destinados a su intercambio, adicionalmente la metodología de desarrollo de mensajes HL7 utiliza principios del paradigma orientado a objetos y el lenguaje unificado de modelado UML para la especificación de su modelo de información RIM, este paradigma está basado en una abstracción de la realidad y permite que se pueda especificar un mensaje con mayor detalle, logrando dar mayor claridad y consistencia al mismo. En la figura 6 se muestra un diagrama que representa los tipos de modelos de información.

Figura 7. Metodología de desarrollo Hl7

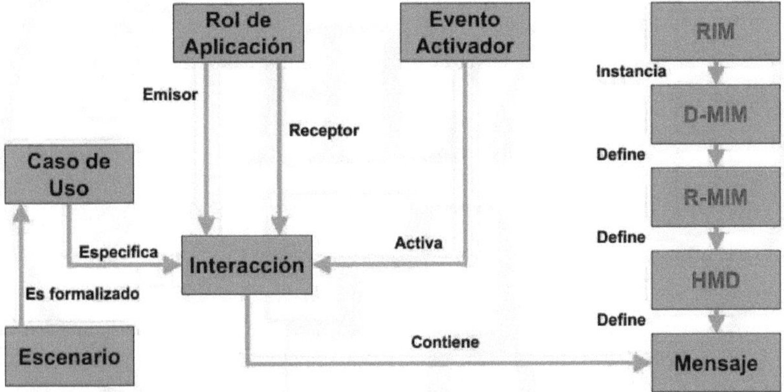

Fuente: HL7 International. HL7 V 3 Standard. 2011.

- **Modelo de Información de referencia RIM.** La sigla RIM viene del término de la lengua inglesa *Reference Information Model* (su traducción literal es Modelo de Referencia de Información). Como lo muestra la Figura 3, RIM es la base del proceso de desarrollo de HL7 versión 3. Es un modelo de objetos creados como parte de la metodología de desarrollo de HL7 versión 3. Cuenta con una representación gráfica de datos clínicos (dominio) que identifica el ciclo de vida de eventos que un mensaje o grupo de mensajes relacionados pueden transportar. RIM es un modelo compartido entre todos los dominios (de la salud) y como tal es el dominio del cual todos los dominios (de la salud) crean sus mensajes. Permite expresar las conexiones existentes entre la información trasportados en los campos de los mensajes HL7. RIM permite el incremento de la precisión de los datos y reduce los costos de implementación[16].

a. **Sub área FoundationClasses**. En la figura 7, se pueden distinguir las principales clases del modelo RIM marcadas con colores fuertes, desde las cuales se crean otras clases a partir de relaciones de herencia, estas clases son: Entidad, Rol, Rol relacionado, Participante, Actuación y Actuación relacionada.

---

16 COLOMBIA. MINISTERIO DE TECNOLOGIAS DE LA INFORMACIÓN Y LAS COMUNICACIONES. GEL-XML, Lenguaje estándar de intercambio de información: evaluación de estándares internacionales. [en línea]. 2008. Disponible en: <http://programa.gobiernoenlinea.gov.co/apc-aa-files/5854534aee4eee4102f0bd5ca294791f/GEL_MV_RG_005_Proceso_Mantenimiento_Evolucion_V1.3.pdf>

Figura 8. Modelo de Información de referencia RIM

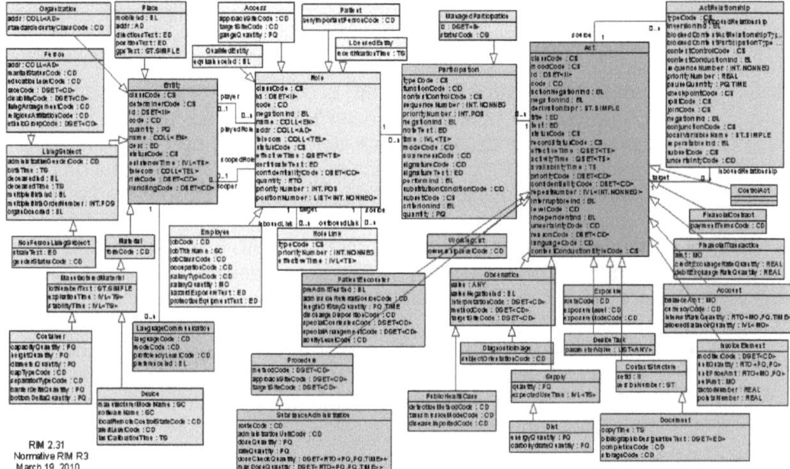

Fuente: HL7 International. HL7 V 3 Standard. 2011.

b. **Entidad:** Una entidad representa un objeto, o grupo de objetos, capaz de participar en una actuación. Puede ser un objeto real: persona, organización, dispositivo, substancia, punto de actuación, también puede ser un objeto virtual: diagnóstico, regla de negocio, clasificador.

c. **Rol:** Un rol representa una responsabilidad, una posición, o el papel que juega una entidad con respecto a su participación en una serie de actuaciones.

d. **Rol Relacionado:** Asociación definida entre dos Roles.

e. **Participante:** Representa la involucración de un rol en una actuación, por ejemplo, al paciente Juan Pérez se le practicó un procedimiento quirúrgico.

f. **Actuación:** Corresponde a cada uno de los eventos que han sucedido, está sucediendo o puede suceder en un futuro. Una actuación puede reunir varios roles participantes. Las actuaciones pueden tratarse de una Derivación, Transporte, Suministro, Procedimiento, Condición, Consentimiento, Observación, Medicación, Acto clínico, Acto económico que sean ejecutadas en una organización por un participante.

g. **Actuación Relacionada:** Asociación definida entre dos Actuaciones. Por medio de esta clase se pueden representar escenarios como observaciones detalladas, procedimientos complejos, o actos clínicos que requieran relacionar más de una actuación.

- **Domain Information Model DIM**. El domain Information model (DIM) representa información que puede usarse en un área particular de interés de HL7, un conjunto posible de valores de datos o un grupo especial de interés como odontología, laboratorio, consulta general, etc. Comúnmente un DIM se usa para representar información requerida para lograr interoperabilidad.

- **Domain Message Information Model DMIM**. Es una especialización del modelo RIM que se compone de un conjunto de clases, sus atributos y relaciones, cuya funcionalidad es la creación de mensajes sobre un dominio en particular.

- **Refined Message Information Model R-MIM**. Es un sub conjunto del D-MIM, utilizado para expresar información de un mensaje o conjunto de mensajes. Un R-MIM sólo contiene las clases, atributos y relaciones necesarios para hacer la composición del mensaje

- **Hierarchical Message Description HMD.** Define la especificación de los campos de un mensaje, sus agrupaciones, secuencia, opcionalidad y cardinalidad.

Clinical Document Architecture CDA. Es el acrónimo del término de la lengua inglesa Clinical Document Architecture (Arquitectura de documento clínico). El CDA del HL7 es un marco de documento estándar que define la estructura y la semántica de documentos médicos y que permite que los sistemas de información basados en HL7 la puedan intercambiar[17]. En otras palabras, se encarga de la estandarización de documentos clínicos destinados a su intercambio entre sistemas de información.

A continuación, se citan algunos aspectos claves de los documentos CDA:

- Los documentos instancias del CDA son expresados en XML y deben cumplir con el esquema-XML-CDA.

- Los documentos CDA deben cumplir con los lineamientos del Reference Information Model RIM versión 2.03 y usan los tipos de datos de HL7 v.3.

- Los documentos CDA son unidades completas e independientes de su forma de almacenamiento o medio de transmisión, además de tener una expresión rica y flexible; pueden incluir texto, imágenes, sonidos, y otro contenido multimedia.

[17] BIRON, Paul V, et al. Clinical Document Architecture, Release 2. [en línea]. 2004. Disponible en: <http://xml.coverpages.org/CDA-20040830v3.pdf>

Según el documento de especificación de la versión 2.0 de CDA[18], un documento clínico cuenta con observaciones y servicios además de las siguientes características:

a) **Persistencia**: Un documento clínico continúa su existencia en un estado inalterable, para un periodo de tiempo definido por requerimientos locales y regulatorios.

b) **Administración**: Un documento clínico se mantiene, gracias a la organización encargada de su cuidado.

c) **Potencia para autenticación**: Un documento clínico es un ensamblaje de información destinada a ser legalmente autenticada.

d) **Contexto**: Un documento clínico establece el contexto por defecto para sus contenidos.

e) **Totalidad**: La autenticación de un documento clínico aplica para su totalidad y no para porciones del documento.

f) **Legibilidad**: Un documento clínico es humanamente legible.

Estructura de un documento CDA. En la figura 8 se muestra la estructura general de un documento CDA.

[18] Ibid.

Figura 9. Representación estructural de un documento CDA

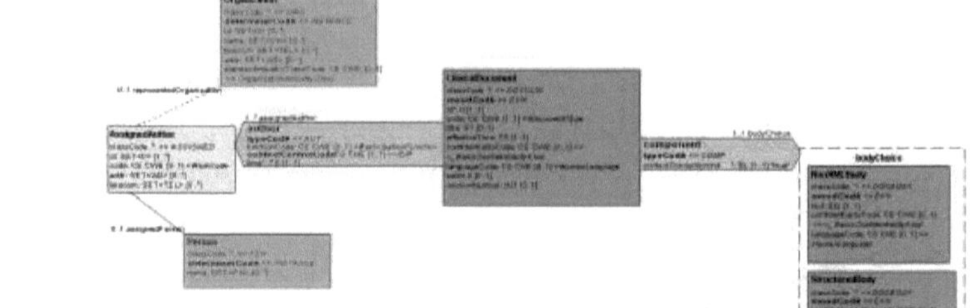

Fuente: BIRON, Paul V, et al. Clinical Document Architecture, Release 2. 2004.

Figura 10. Representación estructural en XML de un documento CDA

```
<ClinicalDocument>
  ... CDA Header ...
  <StructuredBody>
    <section>
       <text>...</text>
      <Observation>...</Observation>
      <Observation>
        <reference>
          <ExternalObservation>...</ExternalObservation>
        </reference>
      </Observation>
    </section>
    <section>
        <section>...</section>
    </section>
  </StructuredBody>
</ClinicalDocument>
```

Fuente: BIRON, Paul V, et al. Clinical Document Architecture, Release 2. 2004.

- **CDA Header:** Corresponde al encabezado del documento basado en RIM, cuyo propósito es habilitar el documento clínico para su intercambio dentro y fuera de las instrucciones prestadoras de servicios de salud además de que la información de documentos clínicos de pacientes pueda ser compilada dentro de un expediente a lo largo de su vida.

Atributos del CDA Header

Figura 11. Representación de un documento clínico

Code	Definition
DOCCLIN [**default**]	A clinical document is a documentation of clinical observations and services, as defined in .

Fuente: BIRON, Paul V, et al. Clinical Document Architecture, Release 2. 2004.

- **ClinicalDocument.id:** Representa un identificador único para cada documento.

- **ClinicalDocument.code:** Este código especifica el tipo de documento que se está tratando. Cuando se habla de tipo de documento este puede ser una historia clínica, resumen de alta, nota de progreso, etc. Los valores del tipo de documento preferiblemente deben ser tomado de estándares para la identificación de observaciones médicas como LOINC (Logical Observation Identifiers Names and Codes).

- **ClinicalDocument.title:** Representa el título del documento, es común que los documentos no sean identificados por el título y que más bien se conozca con el nombre del ClinicalDocument.code.

- **ClinicalDocument.effectiveTime: S**e refiere a la fecha en que el documento es creado.

- **ClinicalDocument.confidentialityCode:** La confidencialidad es un componente contextual de CDA, donde el valor incluido en el encabezado del documento aplica para todo el documento excepto cuando existe un valor anidado. Los posibles valores de este campo son: Normal, restringido y muy restringido.

Figura 12. Posibles valores del campo ClinicalDocument.confidentialityCode

Code *	Definition
N (normal) (codeSystem 2.16.840.1.113883.5.25) **[default]**	Normal confidentiality rules (according to good health care practice) apply. That is, only authorized individuals with a legitimate medical or business need may access this item.
R (restricted) (codeSystem 2.16.840.1.113883.5.25)	Restricted access, e.g. only to providers having a current care relationship to the patient.
V (very restricted) (codeSystem 2.16.840.1.113883.5.25)	Very restricted access as declared by the Privacy Officer of the record holder.

Fuente: BIRON, Paul V, et al. Clinical Document Architecture, Release 2. 2004.

- **ClinicalDocument.languageCod:** Especifica la codificación del lenguaje utilizado para la elaboración del documento, este lenguaje debe ser entendible para practicantes médicos, cuidadores y pacientes. Un valor de ejemplo del lenguaje puede ser 'EN-us'.

- **ClinicalDocument.setId:** Representa un identificador común a través de todas las revisiones del documento clínico.

- **ClinicalDocument.versionNumber:** Corresponde a un valor entero utilizado para versionar los continuos remplazos del documento.

Figura 13. Definición del campo evento.

Code	Definition
EVN (event) **[default]**	An actual occurrence of an event.

- **CDA Level on the Body:** Es el cuerpo del documento, en este lugar se registran los eventos médicos que pueden ser datos estructurados, texto o entradas o codificaciones especiales.

Atributos del CDA Body

Algunos atributos pertenecientes al body del documento se describen a continuación:

- **Section.id:** Representa el identificador de instancia único para cada sección del documento clínico.

- **Section.code:** Este código identifica el tipo particular de sección por ejemplo (motivo de consulta, evaluación médica, etc.). CDA no se encarga de definir este tipo de codificación, para ello se utilizan estándares como LOINC el cuál es explicado en otra parte del documento.

- **Section.title:** Significa la etiqueta de la sección, si esta tiene un valor es añadida a la información del cuerpo del documento.

- **Section.text:** Es usada para interpretar narrativa que posteriormente será interpretada, también se refiere a como es un bloque narrativo en un CDA.

- **Section.confidentialityCode:** Un valor en este atributo reemplaza el valor propagado desde StructuredBody. Los posibles valores de este campo son: Normal, restringido y muy restringido.

- **Section.languageCode:** Especifica la codificación del lenguaje de caracteres utilizado para los datos en los valores del atributo.

1.4.2 Interoperabilidad Semántica. La interoperabilidad semántica se refiere al nivel en el cual un sistema clínico puede recibir información procedente de otro sistema y entenderla en el mismo contexto y significado que el sistema remitente sino en la interpretación del contenido del contenido del mensaje por parte de un software y la toma de dediciones en caso de ser requerido.

1.4.2.1 CIE-10. Cie-10 (Clasificación Internacional de las enfermedades) es un estándar determinado por la organización mundial de la salud para la clasificación de enfermedades cuyo objetivo es determinar la organización y codificación de las enfermedades y una amplia variedad de signos, síntomas, hallazgos anormales, denuncias, circunstancias sociales y causas externas de daños y/o enfermedad[19].

Figura 14. Clasificación Internacional de las Enfermedades CIE -10

[19] OPS. Edición electrónica de la CIE-10. [en línea]. 2010. Disponible en: <http://eciemaps.mspsi.es/ecieMaps/browser/index_10_2008.html>

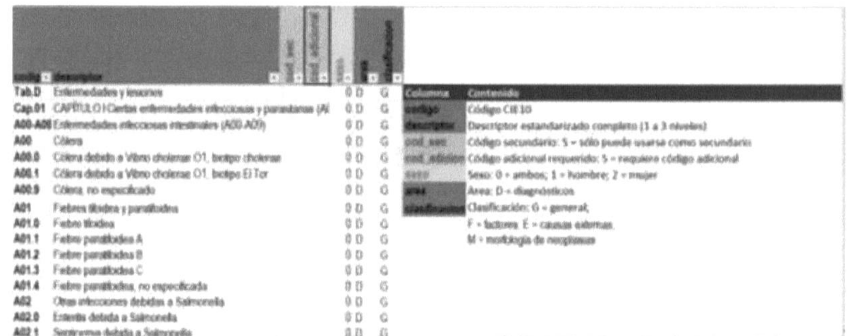

codigo	descriptor	cod_sec	cod_adicional	sexo	area	clasificacion
Tab.D	Enfermedades y lesiones			0	D	G
Cap.01	CAPÍTULO I Ciertas enfermedades infecciosas y parasitarias (A			0	D	G
A00-A09	Enfermedades infecciosas intestinales (A00-A09)			0	D	G
A00	Cólera			0	D	G
A00.0	Cólera debido a Vibrio cholerae O1, biotipo cholerae			0	D	G
A00.1	Cólera debido a Vibrio cholerae O1, biotipo El Tor			0	D	G
A00.9	Cólera, no especificado			0	D	G
A01	Fiebres tifoidea y paratifoidea			0	D	G
A01.0	Fiebre tifoidea			0	D	G
A01.1	Fiebre paratifoidea A			0	D	G
A01.2	Fiebre paratifoidea B			0	D	G
A01.3	Fiebre paratifoidea C			0	D	G
A01.4	Fiebre paratifoidea, no especificada			0	D	G
A02	Otras infecciones debidas a Salmonella			0	D	G
A02.0	Enteritis debida a Salmonella			0	D	G
A02.1	Septicemia debida a Salmonella			0	D	G

Columna	Contenido
codigo	Código CIE10
descriptor	Descriptor estandarizado completo (1 a 3 niveles)
cod_sec	Código secundario: S = sólo puede usarse como secundario
cod_adicional	Código adicional requerido: S = requiere código adicional
sexo	Sexo: 0 = ambos; 1 = hombre; 2 = mujer
area	Area: D = diagnósticos
clasificacion	Clasificación: G = general; F = factores, E = causas externas, M = morfología de neoplasias

Fuente: OPS. Edición electrónica de la CIE-10. 2010.

Como se aprecia en la figura 13, cada enfermedad dispone de los siguientes campos:

- **Código:** La Cie utiliza un código alfanumérico, con una letra en la 1° posición y números en la 2°,3°, y 4° posición; el cuarto carácter sigue a un punto decimal, los códigos posibles van por lo tanto de A00.0 a Z99.9. El código sirve para clasificar de forma única cada enfermedad.

- **Descriptor:** El descriptor hace referencia a los nombres de cada clasificación de la enfermedad además de los nombres de las enfermedades.

- **Cod_sec:** Corresponde al Código secundario: S = sólo puede usarse como secundario.

- **Cod_adicional:** Código adicional requerido: S = requiere código adicional.

- **Sexo:** Hace referencia al género de la persona que presenta la enfermedad, este puede ser: 0 = ambos; 1 = hombre; 2 = mujer.

- **Área clasificación:** Se refiere al área de clasificación a la cual pertenece la enfermedad, esta puede ser: D = diagnósticos Clasificación, G = general, F = factores, E = causas externas, M = morfología de neoplasias.

1.4.3 SNOMED CT. (Systematized Nomenclature of Medicine-Clinical Terms) Es una terminología empelada para representar la información clínica que combina términos en el domino de las ciencias básicas, la bioquímica y las especialidades médicas, además de integrar la terminología Clinical terms v 3 CTV3.

Las características principales de SNOMED son su presentación en un formato multilingüe y codificado lo que le permite gozar de gran aceptación, precisión e importancia lo que le convierte en la terminología más importante desarrollada en el mundo.

Actualmente SNOMED CT representa la terminología principal para la EHR ya que los conceptos presentados tienen un significado único, además de proveer de una organización lógica de la terminología organizada de forma jerárquica.

Según el sitio web de la librería nacional de medicina[20] SNOMED CT incluye más de 311,000 conceptos únicos, además hay casi 800.000 descripciones en SNOMED CT, incluidos los sinónimos que se pueden usar para referirse a un concepto. En adición existen alrededor de 1,360,000 links o relaciones semánticas entre conceptos de SNOMED CT.

Por último, se debe destacar que la aplicación de SNOMED en el desarrollo de soluciones de software para interoperabilidad semántica es imprescindible, ya que provee el vocabulario de negocio necesario para la interoperabilidad semántica entre EHRs.

1.4.4 LOINC ®. La facilidad para compartir información entre las fuentes de información responsables del manejo de la información de laboratorio clínico depende del nivel de estandarización que se aplique a la gestión de la información, un ejemplo de la inadecuada gestión de la información ocurre cuando cada laboratorio decide utilizar su propia nomenclatura para la identificación de sus pruebas, lo cual causa dificultades enormes a la hora de compartir información de forma oportuna entre sistemas de información y a su vez la imposibilidad de integrar dichos resultados a las EHR.

Para lograr esto es preciso el manejo de una terminología en común, que asegure que el entendimiento de un resultado sea transparente entre el personal médico y también entre los sistemas de información de laboratorio.

LOINC ® en inglés (Logical Observation Identifiers Names and Codes (LOINC) es una base de datos que provee un sistema de codificación universal e inequívoco para el reporte de observaciones clínicas y de laboratorio[21]. El propósito de este

---

[20] NATIONAL INSTITUTE OF HEALT. NIH of. 2012AA SNOMED CT Source Information. [en línea]. 2012. Disponible en: <http://www.nlm.nih.gov/research/umls/sourcereleasedocs/current/SNOMEDCT/index.html>

[21] MCDONALD, C. J., et al. LOINC, a universal standard for identifying laboratory observations: A 5-year update. [en línea]. En: Clinical Chemistry, vol.49(4), 2004, p. 624–633. Disponible en: <http://www.scopus.com/inward/record.url?eid=2-s2.0-0037380904&partnerID=40&md5=4d864724aa35811d3a4d6fe0daabf9f5>

repositorio de información es facilitar la transmisión y almacenamiento de reportes de laboratorio clínico a través de diferentes recursos como registros médicos o sistemas de software en el área de la salud.

1.4.4.1 Partes de un mensaje en LOINC ®. La representación completa del nombre de una prueba de laboratorio está inequívocamente identificada por los siguientes seis campos:

- **Analyte:** Hace referencia al componente analizado, este puede ser por ejemplo: Sodio, hemoglobina, potasio, etc.
- **Property:** Especifica la propiedad observada, por ejemplo: Concentración de la sustancia, masa, volumen.
- **Time Aspect:** Significa la unidad o intervalo de tiempo en que ha sido tomada la prueba, por ejemplo: Sangre de 12 horas.
- **System:** Permite Identificar el origen de la muestra, por ejemplo: Orina, sangre, etc.
- **Scale:** Hace referencia al tipo de escala de medida que puede ser: Cuantitativo (Una medida real), nominal (E.coli, Staphylococus Aureus), narrativa (dictamen resultado de rayos x)[22].
- **Method:** Cuando el método el relevante, este debe ser descrito **y** consiste en el método utilizado para extraer el resultado, por ejemplo: Extracción de sangre del brazo izquierdo.

Figura 15 Ejemplo de códigos de laboratorio LOINC y sus nombres

[22] MCDONALD, C. J., et al. LOINC, a universal standard for identifying laboratory observations: A 5-year update. [en línea]. En: Clinical Chemistry, vol.49(4), 2004, p. 624–633. Disponible en: <http://www.scopus.com/inward/record.url?eid=2-s2.0-0037380904&partnerID=40&md5=4d864724aa35811d3a4d6fe0daabf9f5>

LOINC code	LOINC name (component:property:timing:specimen:scale)
2951-2	SODIUM:SCNC:PT:SER/PLAS:QN
2955-3	SODIUM:SCNC:PT:UR:QN
2956-1	SODIUM:SRAT:24H:UR:QN
2164-2	CREATININE RENAL CLEARANCE:VRAT:24H:UR:QN
1514-9	GLUCOSE^2H POST 100 G GLUCOSE PO:MCNC:PT:SER/PLAS:QN
3665-7	GENTAMICIN^TROUGH:MCNC:PT:SER/PLAS:QN
17863-2	CALCIUM.IONIZED:MCNC:PT:SER/PLAS:QN
2863-9	ALBUMIN:MCNC:PT:SNV:QN:ELECTROPHORESIS

Fuente: MCDONALD, C. J., et al. LOINC, a universal standard for identifying laboratory observations: A 5-year update. En: Clinical Chemistry, vol.49(4), 2004, p. 624–633.

Como conclusión, se puede afirmar que en el momento de desarrollar una arquitectura para la interoperabilidad de EHR se puede hacer uso de la base de datos LOINC, ya que provee la terminología de negocio necesaria para la interpretación de la información clínica en el área de laboratorio.

1.4.5 DICOM & MEDICOM. Estas dos siglas provienen de los términos de la lengua inglesa Digital Imaging and Communications in Medicine y Medical Image and Related Data Interchange Format Standard, respectivamente. Los dos estándares permiten el intercambio de imágenes médicas. Los anteriores estándares fueron desarrollados a la par con HL7 y hoy tienen comités técnicos dentro de HL7.

1.4.6 SNODENT. Systematized Nomenclature of Dentistry (SNODENT) es un vocabulario construido para representar información en el ámbito de la historia clínica electrónica de salud oral. Es un subconjunto de términos basado en SNOMED CT y desarrollado bajo la tutoría de ADA (American Dental Association).

1.5 INTEROPERABILIDAD ORGANIZACIONAL / DE SERVICIOS

1.5.1 Arquitectura de Software. La arquitectura de software es una abstracción que describe los componentes del software, permite direccionar los roles, responsabilidades, comportamientos y propiedades de los elementos del software, En efecto muestra que elementos de software requieren de otros por medio de sus relaciones.

Para hacer referencia a este nivel de interoperabilidad, es preciso definir algunos conceptos importantes como Arquitectura de Software, según la IEEE 1471-2000

"Es la estructura de los componentes de un programa o sistema, las relaciones entre éstos y los principios que gobiernan su diseño y evolución"[23]

En efecto, una de las etapas de mayor relevancia en un proceso de desarrollo de software corresponde a su arquitectura, ya que es en esta etapa donde se definen las decisiones, características deseables y drivers que dirigirán el desarrollo y la evolución del producto durante su ciclo de vida.

En cuanto a arquitecturas de software, una de las características que la identifican corresponde a los estilos, un estilo es un modelo de referencia que busca dar una organización lógica y física a los componentes de un sistema de software permitiéndoles el intercambio fluido de información de acuerdo con los objetivos y características del negocio.

1.5.2 Arquitectura de Software Orientada a Servicios SOA. Uno de los estilos arquitectónicos más importantes desde el punto de vista de la independencia tecnológica, el bajo acoplamiento entre componentes de software y el alto nivel de reutilización es SOA.

SOA "Es un framework para la integración de procesos de negocio y soporte de Infraestructura de tecnologías de la información como seguridad, componentes de software estandarizados y servicios que pueden ser reutilizados y direccionados para direccionar prioridades de cambio en un negocio"[24]. Como conclusión previa puede decirse que SOA es una propuesta candidata para la integración de sistemas de información heterogéneos como es el caso de la EHR.

El propósito fundamental de SOA es la desagregación de las funcionalidades de un sistema en partes atómicas llamadas servicios, cada servicio tiene una funcionalidad específica o contrato de servicio, además cuenta con una interfaz definida que permite especificar como el servicio va a ser usado, un servicio puede ser reutilizable por medio de estándares para mensajería como REST, además de tener la capacidad de integrarse con otros servicios para crear nuevas funcionalidades. Otra característica de los servicios es su bajo nivel de acoplamiento, esto le permite evitar al máximo de la dependencia funcional de otros servicios.

---

[23] BASS, Len; CLEMENTS, Paul y KAZMAN, Rick. Software architecture in practice. 3 ed. Upper Saddle River: Addison-Wesley. 2013.

[24] BIEBERSTEIN, Norbert; LAIRD, Robert G. y TILAK MITRA, Keith Jones. Executing SOA: A Practical Guide for the Service-Oriented Architect. En: International Business Machines Corporation. Boston: Education, 2008. 240 p.

Figura 16. Solución basada en servicios Cliente-Banco

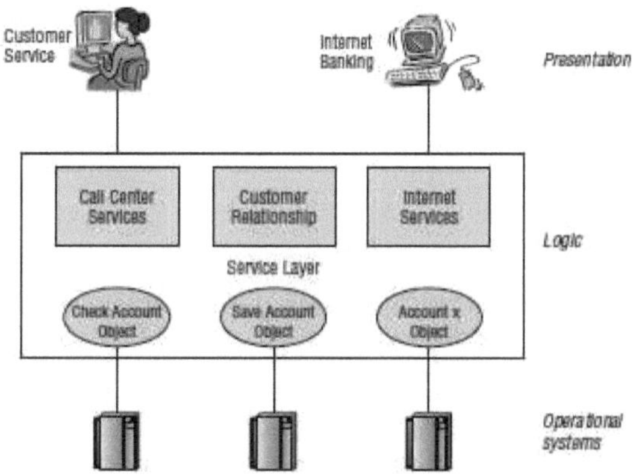

Fuente: ROSEN, Michael. Applied {SOA} service-oriented architecture and design strategies. 2008.

Como se aprecia en la figura, en el ejemplo del core bancario, existe una capa de infraestructura tecnológica encargada de soportar las funcionalidades que provee el sistema, estas funcionalidades se encapsulan por medio de servicios (Check account Object, save Account object, Account x objecct) que son desplegados en la capa de servicios, cada servicio puede ser invocado por una aplicación generalmente basada en procesos que utiliza su funcionalidad para resolver un proceso de negocio.

1.6 ESTADO DEL ARTE

1.6.1 Enfoques para la Especificación y Diseño de la Historia Clínica Electrónica. Actualmente existen tres enfoques para la especificación e implementación de arquitecturas avanzadas para las historias clínicas electrónicas EHR, los cuales tienen sus raíces en sistemas legados, pensamientos y metodologías, enfoque de datos, (representación de datos), enfoque de conceptos (representación de conceptos y conocimientos) y el enfoque de procesos / servicios (procesos de negocio y representación por medio de servicios)[25].

[25] BLOBEL, B. EHR architectures - comparison and trends. [en línea]. En: Studies in health technology and informatics. 2008. vol. 134. p 59–73. Disponible en: <http://www.ncbi.nlm.nih.gov/pubmed/18376034>

1.6.2 Suite de estándares HL7. A este enfoque pertenecen los anteriormente explicados modelos y arquitecturas como HL7 RIM, HL7 v3, HL7 HDF, CDA, etc.

Este enfoque es uno de los más importantes y aceptados en el mundo, está avalado por la organización HL7 International y agrupa a más de 50 países que participan en la especificación del estándar.

Los estándares HL7 cuentan con dos especificaciones principales, diseñadas para soportar el uso de la EHR compartida, basada en una arquitectura de repositorios de documentos electrónicos:

La Arquitectura de Documentos Clínicos electrónicos (HL7 CDA, R2) y el dominio de mensajería de Registros Clínicos (Medical Records HL7 MR, R2).

Estos estándares se complementan con el uso de vocabularios controlados, procesos, protocolos asistenciales y arquetipos específicos para proporcionar la infraestructura necesaria para garantizar la interoperabilidad sintáctica y la normalización de los contenidos de la EHR.

La descripción completa de dicho estándar se encuentra descrita en el numeral 1.4.1.1.

1.6.3 GEHR/OpenEHR. OpenEHR foundations es un estándar abierto que provee especificaciones para la creación e interoperabilidad de los sistemas de información de historias clínicas electrónicas. El objetivo de OpenEHR es la creación de sistemas de alta calidad a bajo costo y respetando el paradigma orientado a objetos, por esta razón la especificación de su modelo de información está completamente especificado con el lenguaje unificado de modelado UML.

Al ser un estándar abierto, OpenEHR es mantenido por una comunidad alrededor del mundo, pertenecientes al área de tecnologías de la información y personal médico experto en el negocio quienes se enfocan principalmente en la EHR y los sistemas de información clínico.

El estándar está compuesto por tres modelos, el Modelo de referencia o modelo de información RM encargado de contener las vistas de información, el Modelo de servicios SM que contienen la vista computacional y el Modelo de conocimiento, que contiene los artefactos denominados arquetipos, los cuales son explicados con más detalle en a la siguiente sección.

Figura 17. Modelos pertenecientes el estándar OpenEHR

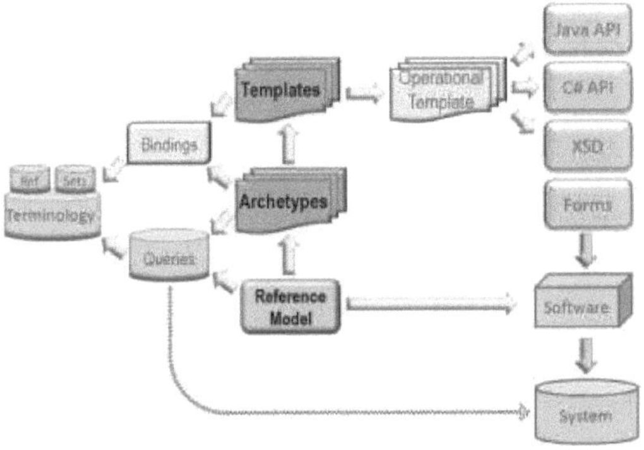

Fuente: OpenEHR.org. OpenEHR.

1.6.3.1 Modelo de Conocimiento. Este enfoque para el desarrollo de EHR es de tipo técnico, el cual consiste en un modelamiento multinivel dentro de una arquitectura de Software Orientada a Servicios en donde el modelamiento de negocio es realizado por expertos en el dominio de la salud, quienes construyen modelos llamados arquetipos. Los arquetipos archivos de texto plano, que están escritos acorde a una sintaxis llamada ADL (Archetype Definition Language). El objetivo de los arquetipos es el modelamiento de conceptos clínicos que se encuentran especificados por fuera de un software de EHR.

Esto permite a los expertos del dominio, estar directamente involucrados en el proceso de desarrollo de la EHR, de tal manera que durante toda la especificación el cliente acompaña el proceso, esto permite evitar pérdidas de tiempo y dinero a causa de la mala especificación de los requerimientos de software y motiva al personal de negocio a general el cambio organizacional.

Es importante recalcar que el modelo de conocimiento de OpenEHR se ha convertido en el estándar ISO 13606-2 el cuál es descrito en la siguiente sección.

1.6.3.2 Modelo de Información. El modelo de información de OpenEHR está basado completamente en UML, y es parte del estándar se debe implementar dentro de la aplicación de EHR, la principal característica de este modelo es que es un modelo genérico, es decir, que permite representar toda la información que se genera en la asistencia médica, pero no describe la semántica a utilizar, solo contiene conceptos clínicos generales, por ejemplo: actuaciones, observaciones, revisiones, etc.

A partir del modelado de conocimiento, el equipo de desarrollo de software toma dichos arquetipos y basado en el modelo de información cuya especificación se realizan las implementaciones correspondientes haciendo uso de un framework de desarrollo de software.

Figura 18. Modelo de desarrollo de EHR con OpenEHR

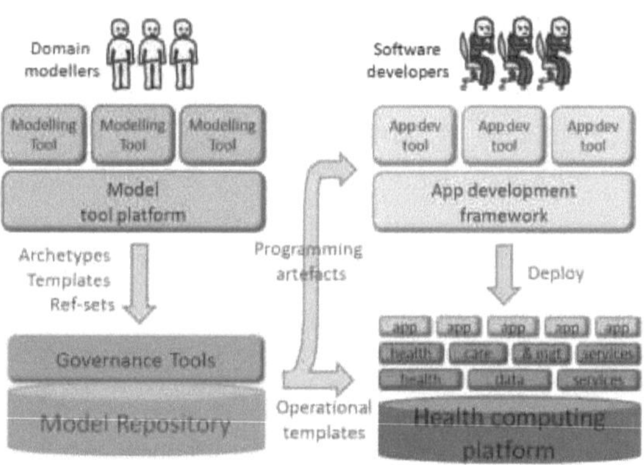

Fuente: OpenEHR.org. OpenEHR.

1.6.4 EN/ISO 13606. El estándar CEN/ISO EN13606 es una norma desarrollada por el Comité Europeo de Normalización (CEN) que proporciona un modelo para especificar de información clínica de la EHR.

Dicha norma proporciona un modelo similar a OpenEHR al proporcionar dos modelos para la especificación de historias clínicas. El primero es el modelo de referencia orientado a objetos que sirve para representar cualquier tipo de información referente a la EHR. Este modelo comprende un conjunto de clases que definen los bloques de construcción genéricos para el desarrollo de una EHR. También especifica como los datos clínicos pueden agregarse para crear estructuras de datos más complejas.

1.6.4.1 Modelo de Referencia. Normalmente un modelo de referencia contiene los siguientes elementos:

- Un conjunto de datos primitivos.
- Un conjunto de clases que definen los bloques de construcción de una EHR.
- Un conjunto auxiliar de clases que describen la información de contexto que se debería adjuntar a la EHR incluyendo el control de versiones.
- Puede contener clases para describir datos demográficos y para comunicar fragmentos de la EHR.

1.6.4.2 Modelo de Arquetipos. La igual que en OpenEHR el modelo de arquetipos es creado a partir del modelo de referencia y permite representar un concepto cínico particular como la presión sanguínea o la práctica de un amuestra de laboratorio.

Los arquetipos se constituyen a partir de tres secciones importantes: el encabezado, la definición y la ontología.

El encabezado contiene información relacionada con el documento como su identificación y autoría.

En la sección de definiciones es donde el concepto clínico es descrito basado en las entidades del modelo de referencia y de acuerdo con el arquetipo representado. Esta descripción es realizada usando restricciones en diferentes formas:

- Restricciones del rango de atributos de tipos primitivos.
- Restricciones de la existencia de atributos.
- Restricciones acerca de la cardinalidad de los atributos.
- Restricciones de la ocurrencia de objetos indicando cuantas veces durante el tiempo de ejecución el dato va a ser instanciado desde una clase dada, de acuerdo con una restricción particular.
- Restricciones de objetos complejos.

La sección de ontologías es donde las entidades descritas en la sección de definiciones son especificadas de acuerdo a terminologías.

1.6.5 Casos de Éxito y Avances Relacionados con la Historia Clínica en el Mundo

1.6.5.1 Canadá Healt Infoway. Este proyecto del gobierno canadiense consiste en el desarrollo de varias tecnologías para la automatización del sistema de salud, en él se incluye el desarrollo de la EHR interoperable cuyo propósito es el acceso a la información de historia clínica al 100% los pacientes, cuya población se estima en más de 33 Millones de habitantes.

Con éste proyecto, además de mejorar la calidad de los servicios de salud prestados, se hace disponible la información clínica al personal médico, enfermeras y laboratorios clínicos a través de todo el territorio canadiense, lo que conlleva a disminuir los costos de operación del sistema de salud y a proveer de información clínica de forma instantánea a las instituciones del sector.

Los elementos que componen el proyecto de historia clínica electrónica incluyen almacenamiento, puntos de atención y conectividad.

Actualmente estos son los proyectos que se han desarrollado desde infoway.

- Registro de pacientes.
- Sistema de diagnóstico por imágenes.
- Sistemas de información de medicamentos.
- Sistemas de información de laboratorio.
- EHR interoperable.
- Telesalud.
- Vigilancia de la salud pública.
- Innovación y adopción.
- Acceso a pacientes a servicios de calidad.
- Registros médicos electrónicos e integración.

Entre los principales beneficios de esta plataforma tecnológica se encuentran:

- Actualmente, el sistema de imagenología diagnóstica de Health Infoway permite ahorros anuales de hasta $1,0 billón (CAD) y un incremento de la productividad de los profesionales en un 23%.

- Gracias al sistema de información de medicamentos de Health Infoway, en la provincia de British Columbia, durante 2009 se evitaron 2,5 millones de casos potenciales de interacción negativa de medicamentos.

- En la provincia de Ontario, sistema de información de medicamentos de Health Infoway, permite el acceso instantáneo a la información de medicación de adultos mayores en más de 177 hospitales. Durante septiembre de 2009, se realizaron más de 95.000 consultas en el sistema.

- Gracias al sistema de información de medicamentos de Health Infoway, en la provincia de Ottawa, hoy en día tomaría menos de 15 minutos identificar a todos los pacientes que consumen un medicamento determinado.

- Gracias al uso de documentos clínicos electrónicos HL7, en la provincia de Alberta, el 91% de los casos, la presentación de informes post quirúrgicos se redujo a menos de una hora. Anteriormente el promedio era cercano a 30 días[26].

1.6.5.2 Propuesta para Interoperabilidad en España. En el marco de la 2ª Reunión del Foro de Interoperabilidad en Salud celebrado en España en mayo de 2012, la fundación HL7 España describe los estándares existentes para la interoperabilidad de los sistemas de información del área de la salud, y proponen un modelo basado en la unión de varios componentes: El modelo de referencia HL7 RIM que constituye en núcleo de HL7 por ser el Modelo de Referencia de Información sobre el cual se construye en estándar, el Clinical Document Architecture CDA que corresponde a un estándar de marcaje, para la construcción de documentos clínicos destinados a su intercambio entre diferentes sistemas y el COOW que propone una arquitectura para el acceso a la información desde múltiples fuentes por medio de una interfaz única y segura.

A continuación, se describe por medio de una gráfica la propuesta de HL7 España:

Figura 59. Propuesta para la Interoperabilidad HL7 España

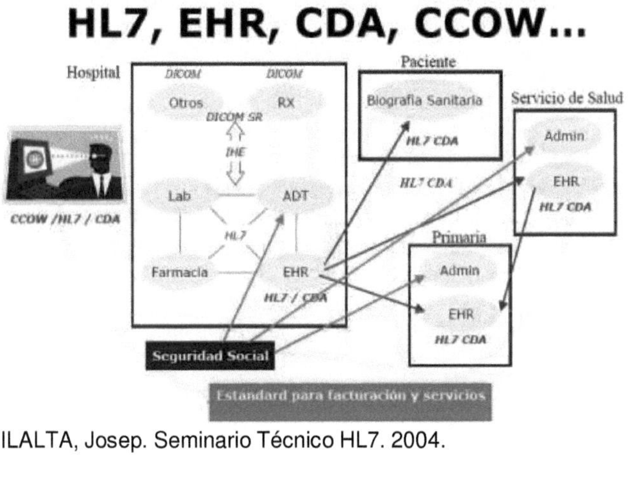

Fuente: VILALTA, Josep. Seminario Técnico HL7. 2004.

[26] OLAYA, German y GUERRERO, German. Sistema de informacion en salud unificado en Cundinamarca. [en línea]. Bogotá D.C. 2012, 26 p. Disponible en: <http://www.cundinamarca.gov.co/Cundinamarca/Archivos/fileo_otrssecciones/fileo_otrssecciones8133955.pdf>

1.6.5.3 Historia Clínica Electrónica Compartida en Finlandia. En Finlandia la EHR distribuida consiste de repositorios de datos clínicos generados, almacenados y mantenidos por diferentes prestadores de servicios de salud como médicos, hospitales, especialistas, farmacias. En este proyecto se han aplicado dos tipos de tecnologías para la integración de las historias clínicas. La primera es un middleware de integración que permite indexar la historia clínica y dale una ubicación dentro de un conjunto de repositorios relacionados además de proveer de servicios para visualización de historias clínicas bajo mecanismos de seguridad y autenticación del personal médico.

La arquitectura de la EHR y la comunicación está basada en el estándar HL7 CDA y SOA es un estándar tecnológico que se encuentra en estudio para su implementación[27].

Al 2009 este sistema gestionaba la siguiente información:

- Historia clínica electrónica.
- Administración/ Demografía.
- Registro de medicación electrónico.
- Registro médico.
- Resultados de Laboratorio.
- Reportes de radiología.
- Resumen de información de enfermería
- Datos de atención de emergencias.
- Registro de información.

1.6.5.4 Australian HealthConnect Project and Nehta Architectural Map. Australian HealthConnect es una estrategia de gestión del cambio destinada a mejorar la calidad y la seguridad en la salud, permitiendo un mejor acceso a la información clave de la salud en el lugar de atención mediante el uso de la comunicación electrónica.

A continuación, se listan los servicios más importantes que ofrece HealtConect

- Definición de eventos resúmenes/vistas.
- Identificador nacional del Salud y directorio de proveedores.
- Estándares ejp: terminología médica.
- Servicio de banco de mensajes de salud electrónica.
- Servicio de mensajería HealtConect.

---

[27] BLOBEL, B. EHR architectures - comparison and trends. [en línea]. En: Studies in health technology and informatics. 2008. vol. 134. p 59–73. Disponible en: <http://www.ncbi.nlm.nih.gov/pubmed/18376034>

- Posibilidad de soportar remisiones, prescripciones, pruebas de diagnóstico.
- Red de datos de Banda ancha para el programa de salud (BFHP).
- Interoperabilidad total.
- Seguridad.
- Gestión de medicaciones (prescripciones, chequeo de medicaciones).

El programa HealthConnect en apoyo de su meta de mejorar la seguridad y la calidad en la asistencia sanitaria, los objetivos trazados esperan concretar los siguientes resultados:

- Mejorar la comunicación clínica a través de la estandarización de la mensajería.
- Mejorar la calidad y la seguridad del servicio de salud a través de la historia clínica electrónica compartida.
- Modelos integrados de atención y apoyo a través de un plan de salud electrónica compartida.
- Información para salvar vidas, es un programa que busca dar participación a la población en situaciones de emergencia.
- Mejorar las comunicaciones entre la red de atención primaria y con los pacientes que tengan las capacidades de manejar el cuidado de su salud.

1.6.6 La historia clínica electrónica en Colombia. Actualmente en Colombia no existe un estándar de difusión y aplicación nacional para la gestión de la información clínica[28], en muchos centros asistenciales, sobretodo, pertenecientes a las áreas rurales, los registros médicos de los pacientes son llevados a mano, en otras instituciones de mayor nivel, se cuenta con sistemas de información que permiten desarrollar procesos como el registro de historias clínicas, facturación, laboratorio clínico, citas médicas, etc. Sin embargo, una buena parte de los sistemas de información que están actualmente en funcionamiento, además de ser desarrollados bajo diferentes tecnologías y arquitecturas, no han sido diseñados bajo estándares y nomenclaturas internacionales del dominio de la salud, de tal manera que no existe la posibilidad de compartir información entre sí de forma transparente.

Este problema técnico causa grandes problemas a los pacientes, poniendo incluso en riesgo su seguridad, Supóngase que un paciente sea atendido de urgencias producto de un accidente de tránsito en un centro asistencial diferente a donde está registrada su historia clínica, si el paciente no tiene la posibilidad de informar, por ejemplo, cuál es su historial médico, cuantas cirugías ha tenido, a que medicamentos es alérgico, que medicamentos consume, etc., el centro médico va a tener que invertir recursos en averiguar dicha información y así poderle prestar un

---

[28] DUQUE, Hector. Salud Electrónica- Estandarización. [en línea]. Bogotá, D.C. 2012. Disponible en: <http://vivedigital.gov.co/idi/wp-content/uploads/2012/09/Presentacion-Hector-Minsalud.pdf>

servicio adecuado. Usando los medios tradicionales de comunicación este proceso tiene una demora considerable, lo que puede causar un retraso en el proceso de atención, la posibilidad de que se le dé una atención incorrecta o en algunos casos que no se le dé la atención requerida.

De la misma forma, el hecho de manejar la información de historia clínica de manera independiente por cada institución de salud, puede ocasionar redundancia en la información, sobrecostos por reprocesamiento de datos y almacenamiento, demoras considerables en la generación de reportes para las entidades de control lo que en conclusión desemboca en sobrecostos considerables de operación del sistema de salud del país.

En Colombia el tema de interoperabilidad de historias clínicas es nuevo, de hecho el ministerio de salud y protección social no tiene definidos los estándares sintácticos, semánticos y tecnológicos sobre los cuales se debe desarrollar la solución de historia clínica electrónica unificada para todo el territorio nacional[29].

A continuación, se describen algunos avances en el tema de interoperabilidad de EHR.

1.6.6.1 Proyecto HCE Cundinamarca. En el marco del plan de desarrollo "CUNDINAMARCA CON CALIDAD DE VIDA"[30] se formuló un proyecto cuyo objetivo es la integración de las fuentes de información en salud del departamento, a partir del uso de tecnologías de la información y uso de estándares en salud para interoperabilidad.

El desarrollo de este proyecto propone en primer lugar la implementación de una red de comunicaciones que permita interconectar a las diferentes instituciones del sector de la salud, posteriormente se pretende construir una solución informática que tenga la capacidad de comunicar las diferentes sistemas de información que ya poseen algunas instituciones para el intercambio de información clínica y así lograr disponibilidad en la información de tal manera que se puedan generar estadísticas y reportes de forma rápida y eficiente.

Los alcances del proyecto de HCE en Cundinamarca son los siguientes:

- Hacer disponible la información de la historia clínica.

---

[29] Ibid.

[30] OLAYA, German y GUERRERO, German. Sistema de informacion en salud unificado en Cundinamarca. [en línea]. Bogotá D.C. 2012, 26 p. Disponible en: <http://www.cundinamarca.gov.co/Cundinamarca/Archivos/fileo_otrssecciones/fileo_otrssecciones8133955.pdf>

- Permitir la interoperabilidad entre los sistemas de información de los hospitales y la secretaria de salud departamental para compartir información de reportes de la prestación de servicios, reportes de promoción y prevención, reporte de eventos de interés en salud pública, facturación y finanzas.
- Lograr la interoperabilidad entre sistemas de información clínicos para procesos como la consulta e identificación de pacientes, solicitud de órdenes de autorización de prestación de servicios, referencia y contrareferencia de pacientes, autorizaciones y órdenes de despacho de medicamentos, agenda de citas[31].

Figura 20. Arquitectura del Sistema HCE Cundinamarca

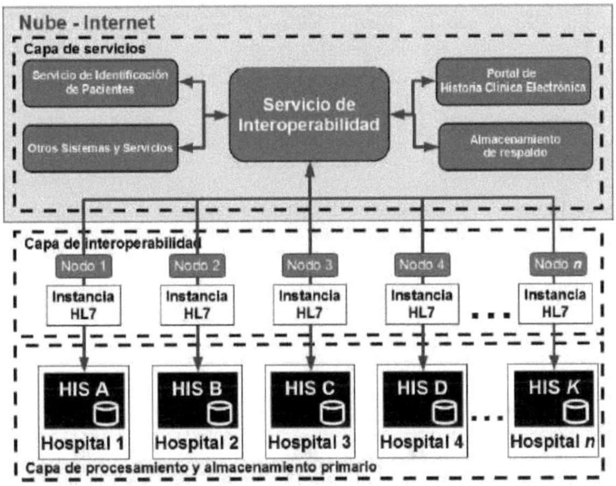

Fuente: OLAYA, German y GUERRERO, German. Sistema de informacion en salud unificado en Cundinamarca. Bogotá D.C. 2012.

La arquitectura propuesta presenta tres capas, la primera capa corresponde a la persistencia de los datos, como se puede apreciar en la figura, la ubicación de los datos esta descentralizada en cada hospital u entidad prestadora de servicios de salud.

La segunda capa es la capa de interoperabilidad, donde cada sistema maneja una interfaces definidas para la conversión de datos en documentos clínicos tipo HL7

[31] Ibid.

CDA. Esta capa a igual que la capa de datos también se encuentra desplegada en la infraestructura tecnológica de cada hospital.

La tercera capa es la capa de servicios, que tiene como propósito ofrecer las funcionalidades de identificación de pacientes, EHR, almacenamiento entre otros. A Esta le llegan las peticiones de los sistemas de información de la red solicitando información, a continuación, dicha capa debe comunicarse con cada uno de los repositorios de información de los hospitales para obtener la información clínica y devolverla al sistema solicitante.

1.6.6.2 Arquitectura de referencia para compartir documentos CDA en Colombia. Este trabajo de investigación desarrollado por el departamento de telemática de la Universidad del Cauca y el eHealt Competence Center de la Universidad de Regensburg en Alemania tiene por objetivo proponer una arquitectura para la integración de EHR a través del estándar HL7 CDA[32].

Figura 26. Arquitectura en niveles para el sistema integrado de registros médicos

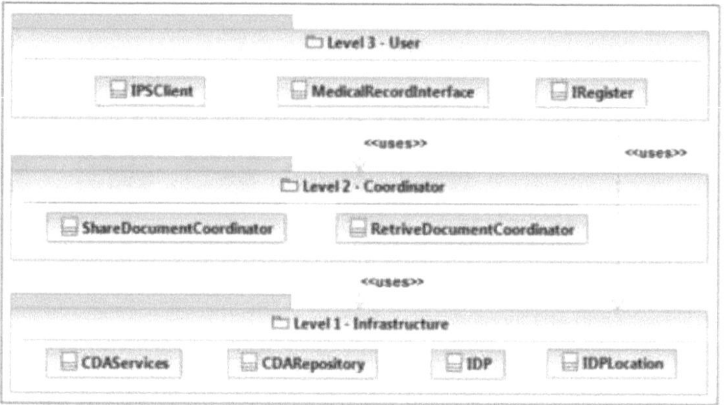

Fuente: DE LA CRUZ, E., et al. A reference architecture for integrated EHR in Colombia. En: Studies In Health Technology And Informatics. 2011.

[32] DE LA CRUZ, E., et al. A reference architecture for integrated EHR in Colombia. [en línea]. En: Studies in Health Technology and Informatics. 2011. vol. 169, p. 305–309. Disponible en: <http://www.scopus.com/inward/record.url?eid=2-s2.0-83055187684&partnerID=40&md5=12144726def3374c2602cd5a7fd6319d>

El desarrollo del proyecto esté diseñado pensado en la independencia de la plataforma tecnológica, basada en la metodología Healt Information Systems Development Framework (HIS-HDF).

Como se aprecia en la figura, la arquitectura corresponde a un estilo por niveles, donde el nivel inferior se encarga de la definición de los datos basados la especificación propuesta por el CDA. La capa intermedia cumple el papel de capa de negocio, que se encarga de albergar la lógica necesaria para el funcionamiento del sistema además de la orquestación de los procesos propios del core de negocio. Por último, tenemos la capa de interfaces que especifica los servicios que presta la solución.

Este es uno de los primeros acercamientos hacia la interoperabilidad de la EHR, sin embargo, se requiere que tanto las universidades, los prestadores de servicios de salud y las entidades del estado tengan un consenso frente a las especificaciones técnicas, metodológicas, de estandarización que se deben seguir para el desarrollo de proyectos en ésta área. Si esto se logra hacer, la visión compartida de todos los actores involucrados en el sector de la salud, puede lograr el desarrollo de proyectos en conjunto que cumpla a satisfacción con las necesidades de tratamiento electrónico de información del país.

1.6.6.3 Proyecto HCEU Secretaría Distrital de Salud de Bogotá. Actualmente se viene desarrollando un proyecto de interoperabilidad en la ciudad de Bogotá que va a permitir intercambiar la información de la historia clínica entre los 22 hospitales, realizar el agendamiento de citas y la gestión de la fórmula médica.

1.7 PLANTEAMIENTO DEL PROBLEMA Y JUSTIFICACIÓN

En Colombia, los datos de la historia clínica de los pacientes se encuentra distribuida en cada una de las instituciones en las que alguna vez se le ha prestado un servicio[33] . A su vez las instituciones prestadoras de servicios de salud no cuentan con las herramientas tecnológicas indispensables para compartir la información clínica. A esto se suma la falta de definición de estándares por parte de los organismos de control para la gestión de la información clínica.

Por otro lado, una parte importante de los proveedores de soluciones tecnológicas han desarrollado aplicativos para satisfacer los requerimientos funcionales de los prestadores de servicios de salud, pero no han tenido en cuenta el diseño de una arquitectura que les permita prevalecer en el tiempo. De tal manera que sus

[33] DE LA CRUZ, E., et al. A reference architecture for integrated EHR in Colombia. [en línea]. En: Studies in Health Technology And Informatics. 2011. vol. 169, p. 305–309. Disponible en: <http://www.scopus.com/inward/record.url?eid=2-s2.0-83055187684&partnerID=40&md5=12144726def3374c2602cd5a7fd6319d>

sistemas de información no están diseñados pensando en la escalabilidad, la interoperabilidad y la seguridad, atributos de calidad imprescindibles para los sistemas de información encargados de administrar la salud pública de Colombia. Estos aspectos hacen que una buena parte de los sistemas de información clínicos que actualmente operan en el sistema de salud colombiano, no posean interfaces definidas para compartir la información de forma automática. Como resultado es muy difícil para un hospital poder recuperar la historia clínica de un paciente en un momento determinado.

Para todos los actores del sistema de salud el tema es de gran complejidad e interés, ya que, al no tener información precisa y disponible para tomar decisiones, el paciente puede no ser atendido de manera oportuna, también puede ser víctima de errores médicos y en el peor de los casos no ser atendido.

Hechos como estos directamente ponen en riesgo la seguridad del paciente, además de costarle grandes cantidades de dinero al sistema de salud a causa de prescripciones equivocadas, tratamientos y procedimientos innecesarios, fraudes, etc. Según un artículo publicado por el periódico El País el 12 de Marzo de 2010, la cantidad de demandas ocasionadas por errores en la atención médica durante el año 2009 en Colombia fueron de 1.182[34]. En el mismo artículo se cita un estudio realizado por la Sociedad Colombiana de Anestesiología y Reanimación que afirma que de cada cien pacientes, diez son víctimas de errores médicos que los llevan a incapacidad o incluso a la muerte.

Por otra parte no se encontraron disponibles datos estadísticos que permitan determinar qué porcentaje de estas cifras están relacionadas con la falta de información clínica, pero se advierte que la mayoría se presenta por falta de comunicación entre el médico y el paciente debido a la gestión manual de la información de historia clínica y la falta de disponibilidad inmediata de la misma, lo que evidencia la importancia de la interoperabilidad de los sistemas encargados de administrar la información de la salud de los Colombianos.

---

[34] EL PAÍS. Cali.12, marzo, 2010. [periódico en línea]. Colprensa. Aumentan demandas por errores médicos. Disponible en: <http://historico.elpais.com.co/paisonline/calionline/notas/Marzo122010/1medicos.html>

Figura 72. Árbol de problemas

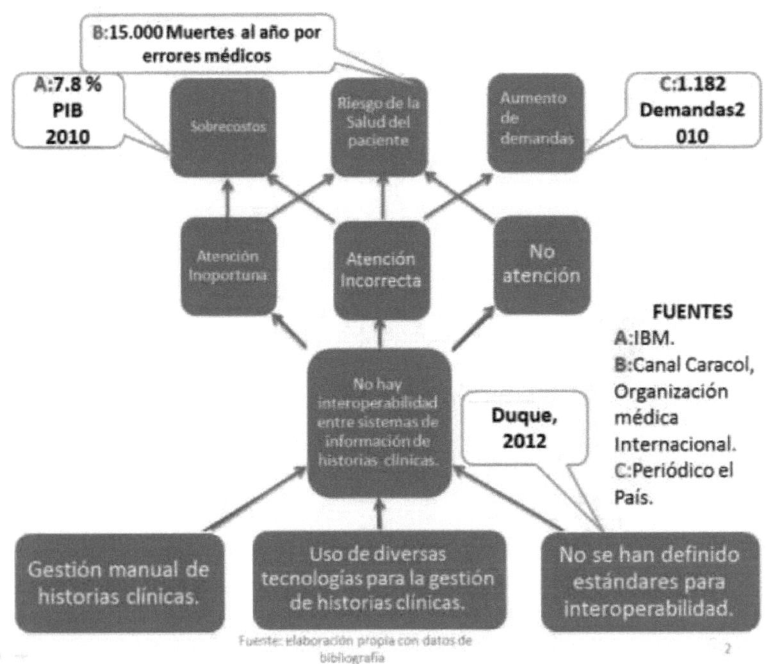

El objetivo del proyecto fue ofrecer una arquitectura de solución para la interoperabilidad de los sistemas de información de historia clínica. Para cumplir con este objetivo se construyó documento que especifica los drivers, las restricciones de negocio, patrones, tácticas, vistas y método de evaluación necesarios para la implementación de software que provea servicios de interoperabilidad entre sistemas EHR.

El proyecto de interoperabilidad entre EHR ataca de forma directa las cifras relacionadas con errores médicos y sus posteriores demandas al promover la comunicación entre sistemas de información, permitiendo al personal médico tener información que le permita tomar decisiones basadas en información fiable.

El siguiente cuadro describe el estado en que se encontraba el tema de interoperabilidad en el departamento (AS-IS) y los resultados obtenidos con el desarrollo del proyecto (TO-BE)

Cuadro 1. Gap análisis del proyecto

TO BE AS IS	Definición de especificación semántica y sintáctica y tecnología.	Definición arquitectónica del componente de software.	Validación de la Arquitectura.
Falta de definición de estándares en Colombia para HCE.	**Incluido**		
Carencia de arquitecturas de referencia para la interoperabilidad entre S de HCE.		**Incluido**	
No se cuenta con escenarios para validación del producto.			**Incluido**
Proyectos a desarrollar	**Definición de estándares**	**Planteamiento de la Arquitectura**	**Métodos de validación de la arquitectura.**

El gap análisis presentado en el cuadro 1, muestra los objetivos a desarrollar en el proyecto para iniciar el proceso de implementación de la Historia Clínica Electrónica Unificada.

A partir del árbol de problemas, se describe la situación después de la ejecución del proyecto, como se observa en la figura 21.

Figura 23. Árbol de objetivos

Al poner en ejecución este tipo de proyectos, el proceso de atención de un paciente en cualquiera de los centros asistenciales conectados al sistema de interoperabilidad sería transparente, lo que de inmediato mejoraría la calidad en la atención en aspectos como el tiempo de espera para ser atendido y el asertividad a la hora de diagnosticar y formular basados en su histórica clínica. Lo que demuestra la importancia de realizar alianzas estratégicas entre los prestadores de servicios, las entidades del estado y las Instituciones de educación superior para promover el apalancamiento de este tipo de propuestas.

1.7.1 Pregunta de Investigación. ¿Cómo es que la especificación arquitectónica de un componente para la interoperabilidad entre Historias Clínicas Electrónicas de Colombia es el principio para que los sistemas de información intercambien datos clínicos?

1.7.2 Hipótesis. El uso de HL7 como estándar de mensajería y la Arquitectura Orientada a Servicios son la base para la construcción de soluciones de interoperabilidad en Colombia.

1.7.3 Análisis de Interesados. A continuación, se describe por medio de la tabla 1, los interesados en que el proyecto de planteamiento de una arquitectura de software para un broker de interoperabilidad se lleve a cabo:

Cuadro 2. Matriz de Interesados

Interesados	Intereses en el proyecto	Evaluación del impacto
Autores del Proyecto.	Que se cumpla con el objetivo del proyecto y con lo pactado en alcance.	Que el proyecto sea ejecutado en el cronograma establecido, con los recursos planeados, y con los resultados esperados.
Universidad Autónoma de Bucaramanga, Grupo prisma.	Que se desarrollen proyectos de investigación de alto impacto para el país.	Proyecto ejecutado en su totalidad y sin inconvenientes.
Ministerio de Tecnologías de la Información y protección Social	Desarrollo de la Telesalud en Colombia y automatización de la historia clínica electrónica. (Ley 1419)	Sistema de integración de historias clínicas electrónicas integrado eficiente, eficaz, fiable y disponible.
Nodo de innovación en Salud	Conformar alianzas TRIADA entre Universidades, Empresas y Entidades del Estado para formular proyectos de aplicación de TIC en el sector Salud.	Alianzas TRIADA ejecutando proyectos de Investigación con recursos del estado.
Colciencias	Conformación de un Banco de Proyectos de Desarrollo Tecnológico e Innovación elegibles para el fomento del uso y apropiación de TIC en entidades estatales, en las temáticas de Arquitectura TI y Salud. (Convocatoria 604)	Proyectos financiados exitosos.
Entidades Prestadoras de Servicios de Salud	Hacer uso de sistemas de Información que les permita desarrollar sus actividades laborales más ágilmente y adecuadamente.	Aplicaciones con el funcionamiento correcto y necesario, información del paciente disponible.
Pacientes	Obtener un servicio de salud que aporte al mejoramiento de la calidad de vida de las personas.	Atención oportuna, de calidad y al precio justo.

1.7.4 Objetivos

1.7.4.1 Objetivo General. Diseñar una arquitectura de software que provea una solución para el intercambio de historias clínicas electrónicas.

1.7.4.2 Objetivos Específicos

- Elaborar un estado del arte que describa el trabajo realizado hasta el momento en Colombia y en el mundo en cuanto a interoperabilidad de sistemas de información para la gestión de historias clínicas.

- Definir los aspectos arquitectónicos de la solución como son los drivers de arquitectura y los requerimientos de alto nivel a partir del análisis de las necesidades del negocio.

- Evaluar la arquitectura de software propuesta aplicando el método de análisis de arquitecturas liviano basado en ATAM y la propuesta de implementación de un prototipo no funcional.

1.7.5 Significancia

La arquitectura debe ser el primer paso para la construcción de sistemas de información a gran escala, esta arquitectura puede servir de referencia para que pueda ser implementada por parte de los proveedores de software y así adaptar sus soluciones de software a las necesidades que tiene el sistema de salud colombiano.

En Colombia no se cuenta con arquitecturas de referencia por parte del estado para el desarrollo de la historia clínica electrónica interoperable, por consiguiente, el proyecto es viable y pertinente hacia las necesidades del sector de la salud.

1.7.5.2 Beneficios que puede generar el proyecto

Cuadro 3. Beneficios del proyecto

Beneficios del proyecto	
Beneficios para el paciente.	Mejoramiento en la calidad y eficiencia en la prestación del servicio. Reducción de aspectos que ponen en riesgo la seguridad del paciente (atención incorrecta, atención inoportuna, no atención).
Beneficios para los médicos.	Disponibilidad de la información para tomar decisiones basadas en soportes fiables como la historia clínica. Este aspecto también impacta los costos del sistema de salud, ya que ayuda a que las prescripciones de medicaciones sean más racionalizadas y basadas en las necesidades del paciente. Facilidad en el proceso de consulta al tener información en un único formato, legible, consolidada, segura y disponible. Se proporciona un medio seguro para la comunicación entre el personal médico.
Beneficios para las instituciones prestadoras de servicios de salud.	Ahorros en costos de adquisición de nuevos sistemas de información. Alineación con los objetivos propuestos por el gobierno en el tema de la Telesalud y la Telemedicina. Disminución de costos producto de la gestión manual de la información, la búsqueda de historias clínicas en otras instituciones y el desgaste de talento humano en dichos procesos. Evitar fenómenos como: dobles afiliaciones, reclamo de medicamentos en varios puntos de atención, atención de personas que no están afiliadas al sistema (suplantaciones), robo de medicamentos para ser vendidos en el mercado negro, entre otros[35]. Reducir el número de demandas presentadas a causa de errores médicos producto de la falta de disponibilidad de la información.

Cuadro 3. (Continuación)

[35] ROLDÁN, Maria; GÓMEZ, Luis y OSORIO, Jair. Análisis de los sistemas de costos utilizados en las entidades del Sector salud en Colombia y su utilidad para la toma de decisiones. [en línea]. En: Revista del Instituto Internacional de Costos. 2009. vol. 5. p. 31. Disponible en: <http://www.revistaiic.org/articulos/num5/articulo21_esp.pdf>

Beneficios para las instituciones del estado.	En el caso de Colombia los costos del sistema de salud han venido incrementándose, progresivamente, según datos del banco mundial actualmente representan el 7.8% del PIB de los cuales el 75% y en ocasiones el 80% corresponde a mano de obra36. Al no contar con tecnologías de la información idóneas para soportar los procesos del sistema de salud, estos seguirán subiendo. De tal manera que proyectos que mejoren la integración de los sistemas de información son indispensables para evitar el exceso de costos del sistema de salud colombiano. Otros beneficios del proyecto corresponden a la disponibilidad de la información como insumo para la generación de informes estadísticos automatizados y en tiempo real. Soporte fiable para la toma de decisiones.

1.7.5.1. Impacto

- **Social:** La interoperabilidad de la historia clínica electrónica mejora la calidad de vida y la seguridad del paciente.

  Otro impacto importante en lo social es el mejoramiento de la eficiencia en la prestación de los servicios asistenciales, brindando información heterogénea, adecuada y oportuna en el punto de atención del paciente, para facilitar la toma de decisiones de los profesionales de salud (medicina basada en evidencia).

  Contar con información fiable acerca del estado de la salud de las personas a fin de orientar planes, proyectos y estrategias destinadas al mejoramiento de los servicios de salud.

- **Ambiental:** El manejo de históricas clínicas electrónicas reduce el uso de papel en un alto porcentaje.

- **Económico:** Reducir los costos relacionados con la gestión manual de la información (impresión, escritura, transporte, almacenamiento, búsqueda, deterioro, corrección de errores, legibilidad, etc.).

[36] ROLDÁN, Maria; GÓMEZ, Luis y OSORIO, Jair. Análisis de los sistemas de costos utilizados en las entidades del Sector salud en Colombia y su utilidad para la toma de decisiones. [en línea]. En: Revista del Instituto Internacional de Costos. 2009. vol. 5. p. 31. Disponible en: <http://www.revistaiic.org/articulos/num5/articulo21_esp.pdf>

- **Tecnológico:** Los sistemas de información de las entidades prestadoras de servicios de salud deben implementar adaptadores que permitan tener comunicación con el broker propuesto. Es importante aclarar que con la implementación e implantación de este proyecto las organizaciones del sector salud **NO** deben cambiar sus sistemas de información.

- **Legal:** Es de gran importancia mencionar que el proyecto se enmarca dentro de tres grandes iniciativas gubernamentales que son:

  a. La obligatoria aplicación de la historia clínica única electrónica antes del 31 de diciembre de 2013 (Ley 1438 de 2011).
  b. La implementación de los lineamientos para el desarrollo de la Telesalud (Ley 1419 de 2010).
  c. La meta de conectividad propuesta para las instituciones vinculadas con el sector salud contempladas en el Plan Nacional de Tecnologías de Información y Comunicaciones.

2 MÉTODO

2.1. ACTIVIDADES.

En el próximo gráfico se describen las actividades desarrolladas durante la ejecución del proyecto:

Figura 24. Diseño Metodológico

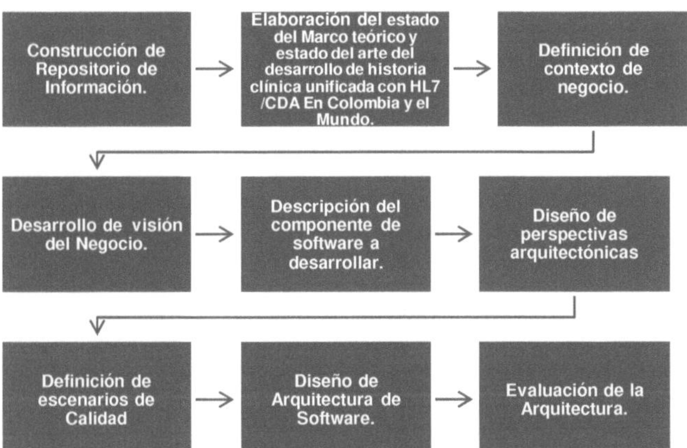

- **Construcción de repositorio de Información.** Esta actividad tuvo como propósito acceder a las diferentes fuentes de información disponibles en bases de datos como scopus, google scholar, IEEE y recuperar los artículos de interés para el desarrollo del proyecto.

- **Elaboración del estado del marco teórico y estado del arte del desarrollo de historia clínica unificada con HL7 /CDA en Colombia y el Mundo.** El desarrollo del marco teórico permitió esbozar una visión clara de los proyectos que en materia de EHR han sido desarrollados a nivel internacional, el objetivo de esta etapa fue analizar las técnicas, metodologías y estrategias utilizadas por los países que han logrado concretar casos de éxito en el tema.

- **Definición de contexto de negocio.** Esta actividad tuvo como propósito concretar un caso de estudio donde se llevará a cabo las pruebas de la arquitectura, el caso del negocio permite definir los drivers de negocio, las necesidades y restricciones para el desarrollo del proyecto.

- **Desarrollo de visión del Negocio.** La visión del negocio permitió identificar el estado deseado del negocio (TO BE).

- **Descripción del componente de software a desarrollar.** En este punto del proyecto se deben definieron los componentes y servicios que debe describir la arquitectura de software.

- **Diseño de perspectivas arquitectónicas.** Las perspectivas arquitectónicas muestran el sistema desde diferentes vistas como son la vista física, estática y dinámica del sistema.

- **Definición de escenarios de Calidad.** Los escenarios de calidad permitieron definir las condiciones en las que el sistema debe dar una respuesta correcta y oportuna de acuerdo con los atributos de calidad especificados.

- **Diseño de Arquitectura de Software.** El diseño de la arquitectura tuvo como objetivo documentar las actividades anteriormente desarrolladas. Para ello son tomaran las técnicas propuestas por el Instituto de Ingeniería de Software de la Carnegie Mellon University.

- **Evaluación de la Arquitectura.** Por último, se diseñaron y aplicaron las estrategias de pruebas basadas en un método liviano para evaluación de arquitecturas de software propuesto en la tercer edición del libro de Software Architecture in practice[37].
- **Estructura de Desglose de Trabajo WBS**

[37] BASS, Len; CLEMENTS, Paul y KAZMAN, Rick. Software architecture in practice. 3 ed. Upper Saddle River: Addison-Wesley. 2013.

Figura 25. Estructura de desglose de trabajo

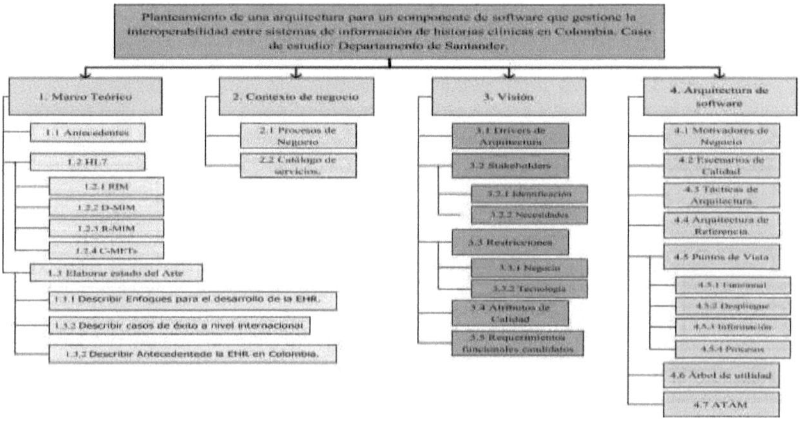

3 RESULTADOS DE LA INVESTIGACIÓN

3.1 DESCRIPCIÓN DE LA ARQUITECTURA

3.1.1 Objetivo. Este documento provee una vista arquitectónica de la solución de interoperabilidad propuesta, contiene una serie de vistas que permiten mostrar el sistema desde diferentes perspectivas que apuntan a la satisfacción de los requerimientos del cliente.

Las vistas incluyen los casos de uso, las vistas lógicas, despliegue y datos, además de los atributos de calidad, escenarios de calidad, requerimientos funcionales de alto nivel, matriz de mapeo de requerimientos funcionales vs componentes de diseño, matriz de atributos de calidad vs escenarios y tácticas arquitectónicas. Estos elementos además de hacer una descripción completa del sistema, permiten razonar la toma decisiones que impactan el ciclo de vida del producto y sirven como vehículo de comunicación entre los interesados del proyecto.

3.2 GENERALIDADES

3.2.1 Descripción del problema. El cuadro siguiente hace una descripción estructurada del problema:

Cuadro 4. Descripción del problema

El Problema	No hay interoperabilidad entre los sistemas de información de historia clínica en Colombia.
Afecta a	Ente las más importantes están los pacientes, las instituciones de prestación y promoción de la salud, las entidades encargadas de regular y administrar la salud y las entidades territoriales.
El impacto del problema	Atención inoportuna a los pacientes.
	Atención incorrecta a los pacientes.
	No atención de los pacientes.
	Sobrecostos del sistema de salud.
	Aparición de eventos que ponen en riesgo la seguridad del paciente.

	Demandas por parte de los pacientes a causa de errores médicos.
Una solución exitosa sería	Comunicación en tiempo real entre los sistemas de información de historia clínica de Colombia.
	Consolidación de información electrónica acerca de la historia clínica de cada paciente para tomar decisiones basadas en la evidencia.
	Reducción de causas raíz que desembocan en errores médicos y por ende disminución de demandas por este fenómeno.
	Agilizar el proceso de atención de un paciente.
	Generación de reportes estadísticos en tiempo real.
	Disminución en costos relacionados con la consulta de historias clínicas entre IPS.
	Estandarización de la comunicación entre sistemas de información clínico y personal médico.
	Mejoramiento de la calidad en la atención del paciente.

3.2.2 Descripción del Sistema

Cuadro 5. Descripción del sistema

Para	Los pacientes, las instituciones de prestación y promoción de la salud, las entidades encargadas de regular y administrar la salud, las entidades territoriales entre otras personas naturales y jurídicas.
Quienes	Redactan, alimentan, estudian, solicitan, la historia clínica electrónica de uno o muchos pacientes durante su ciclo de vida.
El (nombre del producto)	Arquitectura de interoperabilidad para sistemas de información de historia clínica electrónica
Qué	Mejora la interoperabilidad entre sistemas de información de historia clínica electrónica.
	Mejora el proceso de comunicación entre los stakeholders.

	Agiliza y mejora el acceso a la información y permite su disponibilidad sin importar desde donde ésta sea accedida.
	Mejora la seguridad y la consistencia de la información.
Difiere	Proceso de gestión de información manual y carga de archivos planos con datos de historia clínica de forma manual.
El producto	Mejora la gestión de información.
	Automatiza el proceso de compartir la historia clínica electrónica.
	Ofrece disponibilidad a la información y fácil acceso por parte de los sistemas EHR.
	Ayuda en el mejoramiento de la calidad en la atención al cliente.
	Disminuye costos de operación del sector salud.
	Disminuye los tiempos de respuesta de la comunicación entre el personal médico de diferentes IPS.
	Brinda seguridad a la información.

3.2.3 Contexto del Sistema

Figura 26. Diagrama de contexto de la arquitectura

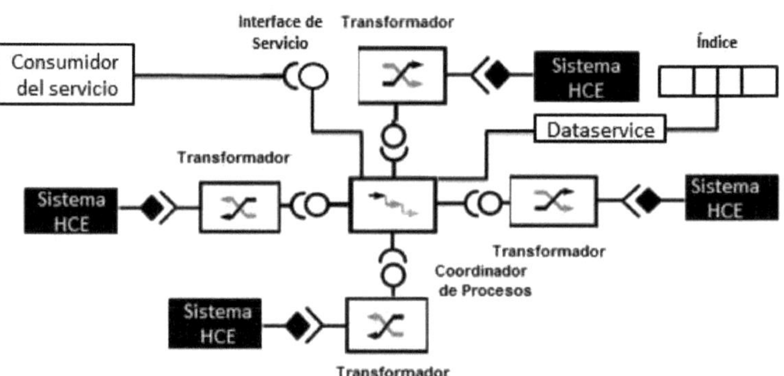

Los componentes del modelo de interoperabilidad propuesto son el sistema HCE, adaptador, transformador, coordinador de procesos[38], Índice de historias

[38] Wso2. Practical SOA for the solution architect. [en línea]. 2011. p. 31. Disponible en: <http://wso2.com/whitepapers/practical-soa-for-the-solution-architect/>

- **Sistema HCE:** Es cualquiera de los sistemas de información para la gestión de la historia clínica electrónica, estos sistemas de información pueden estar construidos bajo diferentes tecnologías.
- **Mediador:** Es utilizado como intermediario para evitar la comunicación directa entre un cliente o sistema de información clínico con el broker.
- **Transformador:** Este componente permite organizar la estructura de los datos de los diferentes sistemas HCE para que sean comprensibles y procesables.
- **Adaptador:** El adaptador es un componente de tipo tecnología en SOA, el cual permite realizar la comunicación con sistemas HCE, sistemas legados y sistemas clientes pertenecientes al sistema de salud.
- **Coordinador de procesos:** Su función es organizar las actividades de comunicación e intercambio de datos entre los diferentes sistemas HCE, así como también buscar en el índice de historias clínicas la ubicación del record médico de un paciente.
- **Índice de historias:** El índice de historias clínicas contiene la identificación de cada paciente y la ubicación de hi historia clínica dentro de todos los sistemas de las IPS.
- **Dataservice:** Estos servicios proporcionan la función de creación de registros en el índice de historias en la arquitectura central y la recuperación de una ubicación en el índice, a nivel de la arquitectura SOA federada de cada sistema de información de historias clínicas, permite la recuperación de la historia clínica de un paciente a partir de su id.

El trabajo consiste en formular el desarrollo de una arquitectura SOA que consiste en una serie de componentes tipo broker que estén en la capacidad de comunicar los diferentes sistemas de información de historias clínicas basadas en HL7 CDA.

El caso de negocio sugiere evitar la canonización de todos los datos de las tecnologías de información que conforman del modelo de salud colombiano, para este caso, la información de las instituciones que cuentan con sistemas de información de historia clínica electrónica, además tratar de implementar un único broker centralizado genera problemas de alto acoplamiento, imposibilidad de realizar balanceo de carga y por consiguiente problemas de escalamiento.

Por esta razón se construyó una arquitectura federada de broker, compuestos por mediadores, transformadores y adaptadores para cada EHR, este modelo tiene una mejor adaptabilidad a los sistemas de información clínicos, reduciendo el traumatismo del proceso de unión a la red de interoperabilidad y los costos de cambio de tecnología, ya que cada fabricante de software para historias clínicas debe desarrollar su propio adaptador para comunicarse con los demás sistemas conforme con las especificaciones de la arquitectura de interoperabilidad.

En cuanto a puesta en producción, la arquitectura exige que cada broker deba ser desplegado en la infraestructura tecnológica de cada operador de servicios de salud para comunicarse directamente con el coordinador de procesos y a su vez con los sistemas de información de historia clínica y el repositorio de datos que lo soportan.

El coordinador de procesos y el índice de historias clínicas deben ser desplegados en una infraestructura de alta disponibilidad y seguridad que permita su funcionamiento 24x7x365.

3.2.4 Stakeholders

Cuadro 6. Descripción los stakeholders

Interesados	Intereses en el proyecto	Evaluación del impacto
Autores del Proyecto.	Que se cumpla con el objetivo del proyecto y con lo pactado en alcance.	Que el proyecto sea ejecutado en el cronograma establecido, con los recursos planeados, y con los resultados esperados.
Universidad Autónoma de Bucaramanga, Grupo prisma.	Que se desarrollen proyectos de investigación de alto impacto para el país.	Proyecto ejecutado en su totalidad y sin inconvenientes.
Ministerio de Tecnologías de la Información y protección Social	Desarrollo de la Telesalud en Colombia y automatización de la historia clínica electrónica. (Ley 1419)	Sistema de integración de historias clínicas electrónicas integrado eficiente, eficaz, fiable y disponible.
Nodo de innovación en Salud	Conformar alianzas TRIADA entre Universidades, Empresas y Entidades del Estado para formular proyectos de aplicación de TIC en el sector Salud.	Alianzas TRIADA ejecutando proyectos de Investigación con recursos del estado.
Colciencias	Conformación de un Banco de Proyectos de Desarrollo Tecnológico e Innovación elegibles para el fomento del uso y apropiación de TIC en entidades estatales, en las temáticas de Arquitectura TI y Salud. (Convocatoria 604)	Proyectos financiados exitosos.

Entidades Prestadoras de Servicios de Salud	Hacer uso de sistemas de Información que les permita desarrollar sus actividades laborales más ágilmente y adecuadamente.	Aplicaciones con el funcionamiento correcto y necesario, información del paciente disponible.
Pacientes	Obtener un servicio de salud que aporte al mejoramiento de la calidad de vida de las personas.	Atención oportuna, de calidad y al precio justo.

3.3 MOTIVADORES DE NEGOCIO

3.3.1 Motivadores. A continuación, se especifican los motivadores de negocio, producto del análisis del caso de estudio y la revisión de los siguientes documentos:

- Agenda estratégica de innovación en salud.
- Agenda priorizada de investigación e innovación en salud zona centro-oriente.
- Sistema de gestión de calidad - Ministerio de salud y protección social.
- Sistema nacional de evaluación y gestión de resultados.
- Guía práctica del sistema obligatorio de garantía de la calidad SOGC.
- Mapa de procesos del ministerio de salud y la protección social.
- Lineamientos para la implementación de la Política de Seguridad del Paciente.

Cuadro 7. Motivador 1

Nombre del Motivador de Negocio.	**Descripción.**	
Incrementar la disponibilidad, accesibilidad, calidad y uso de la información para la toma de decisiones.	Acceso a la historia clínica electrónica de cualquier paciente desde cualquier institución conectada a la red de interoperabilidad en menos de 3 minutos en 95 % de los casos.	
Medida de Impacto.		
Cantidad de sistemas conectados a la red de interoperabilidad sobre el total de sistemas.		
Rangos	**Cota Mínima**	**Cota Máxima**
Ninguno	0%	50%
Bajo	51%	70%
Moderado	71%	80%
Fuerte	81%	90%
Muy Fuerte	91%	100%
Asociación del motivador con el	**Definido por:**	Ministerio de salud y protección social.

	Ubicación en el Mapa de procesos de negocio.	Gestión tecnológica y de información.

Cuadro 8. Motivador 2

Nombre del Motivador de Negocio.	Descripción.	
Reducir situaciones que pongan en riesgo la seguridad del paciente a partir de la disponibilidad de la información clínica.	Reducción del 90% de los errores médicos causados por carencia de información para tomas decisiones.	
Medida de Impacto.		
Disminución en un 90% del porcentaje de ocurrencias que ponen en riesgo la seguridad del paciente.		
Rangos	**Cota Mínima**	**Cota Máxima**
Ninguno	0%	50%
Bajo	51%	70%
Moderado	71%	80%
Fuerte	81%	90%
Muy Fuerte	91%	100%
Asociación del motivador con el	**Definido por:**	Ministerio de salud y protección social.
	Ubicación en el Mapa de procesos de Negocio.	Gestión de calidad del servicio.

Cuadro 9. Motivador 3

Nombre del Motivador de Negocio.	Descripción.	
Estandarizar y sistematizar la producción, procesamiento, administración y trasmisión	Proporcionar arquitecturas de mediación para el 90% de los sistemas de información de historia clínica electrónica en Colombia.	
Medida de Impacto.		
Porcentaje de sistemas de información clínicos haciendo uso de estándares sintácticos, semánticos y tecnológicos mayor al 90% en todas las IPS públicas del		
Rangos	**Cota Mínima**	**Cota Máxima**
Ninguno	0%	50%

Bajo	51%	70%
Moderado	71%	80%
Fuerte	81%	90%
Muy Fuerte	91%	100%
Asociación del motivador con el	**Definido por:**	Ministerio de salud y protección social.
	Ubicación en el Portafolio de Negocio.	Gestión tecnológica y de la información.

Cuadro 10. Motivador 4

Nombre del Motivador de Negocio.	**Descripción.**	
Incrementar los niveles de satisfacción de los clientes afiliados a una EPS.	El 60% o más de los pacientes perciben como satisfactorio la atención en salud en una IPS.	
Medida de Impacto.		
Porcentaje de pacientes satisfechos después de hacer uso de un servicio médico después de poner en funcionamiento la solución de interoperabilidad.		
Rangos	**Cota Mínima**	**Cota Máxima**
Ninguno	0%	50%
Bajo	51%	70%
Moderado	71%	80%
Fuerte	81%	90%
Muy Fuerte	91%	100%
Asociación del motivador con el	**Definido por:**	Sistema nacional de evaluación de gestión y resultados.
	Ubicación en el Portafolio de Negocio.	Gestión de la calidad del servicio.

3.3.2 Restricciones de negocio. Las restricciones de negocio identificadas para el proyecto están relacionadas con las siguientes variables.

- Negocio.
- Tecnología.
- De proyecto.

Cuadro 11. Restricción 1

Nombre de la restricción.	Tipo	Impacto	Definida por
Duración del proyecto	De proyecto	Alto	El cliente.
El tiempo disponible para el desarrollo del proyecto es de 9 meses contados a partir de la fecha 01/10/2012.			

Cuadro 12. Restricción 2

Nombre de la restricción.	Tipo	Impacto	Definida por
Uso de estándares	De proyecto	Alto	El Cliente.
El estándar semántico para la arquitectura de interoperabilidad debe ser HL7 CDA.			

Cuadro 13. Restricción 3

Nombre de la restricción.	Tipo	Impacto	Definida por
Tecnología a usar	Tecnológica	Alto	El proyecto.
La arquitectura de interoperabilidad debe estar basada en SOA.			

Cuadro 14. Restricción 4

Nombre de la restricción.	Tipo	Impacto	Definida por
Articulación con la estrategia del cliente.	De negocio	Alto	Él cliente
La arquitectura de interoperabilidad debe estar articulada con uno de los objetivos o políticas del plan departamental de desarrollo 2012-2015.			

Cuadro 15. Restricción 5

Nombre de la restricción.	Tipo	Impacto	Definida por
Integración con EHR Legados.	Tecnología	Alto	El proyecto.
La arquitectura de interoperabilidad debe funcionar sobre cualquier sistema de información de Historias Clínicas Basadas en HL7 CDA..			

3.4 CONTEXTO DEL NEGOCIO

En Colombia, el 7.8% del PIB es invertido en salud, del cual el 75% y en ocasiones el 80% corresponde a mano de obra[39]. Sin embargo esta inversión no refleja mejoras significativas en la calidad de la atención al cliente. En efecto, la cantidad de demandas ocasionadas por errores en la atención médica durante el año 2009 en Colombia fueron de 1.182[40]. En el mismo artículo se cita un estudio realizado por la Sociedad Colombiana de Anestesiología y Reanimación que afirma que de cada cien pacientes, diez son víctimas de errores médicos que los llevan a incapacidad o incluso a la muerte.

De la misma forma, el cubrimiento en salud para las personas de los estratos más bajos no es suficiente, además de un reparto inequitativo de los recursos que favorecen siempre a los establecimientos de salud de segundo y tercer nivel. De ahí que se vean seriamente afectados los centros asistenciales de nivel 1, a los cuáles no les son transferidos los recursos necesarios para temas de modernización tecnológica, contratación de talento humano de alta calidad e infraestructura, a pesar de ser éstos los ejes principales del sistema de atención en salud del país.

En cuanto a tecnología se refiere, una parte importante de instituciones prestadoras de servicios de salud de nivel 1, no cuentan con la tecnología suficiente para hacer una gestión de la información acorde con las necesidades de las empresas de hoy, esto se ve reflejado en que procesos como la elaboración de la historia clínica, gestión de citas, prescripciones, entre otros documentos importantes son realizados a lápiz y papel, lo que imposibilita la gestión y el procesamiento adecuados de la información destinados a la toma de decisiones y la atención clínica, que idealmente deberían estar basados en la evidencia, en consecuencia la probabilidad de que se presenten errores incrementa, además de los costos de administración y operación del sector.

Por su parte, las IPS, que actualmente cuentan sistemas de información clínicos, entre ellos la EHR, que mantienen grades dificultades para integrarse ente si, por un lado, debido a que una parte de estos sistemas no fueron desarrollados pensando en la integración con otros sistemas. Por otra parte, la variedad de fabricantes y tecnologías, genera grandes complicaciones para compartir información debido a problemas como la falta de estandarización de los datos clínicos que maneja cada solución y por último la falta de regulación en la aplicación

---

[39] ROLDÁN, Maria; GÓMEZ, Luis y OSORIO, Jair. Análisis de los sistemas de costos utilizados en las entidades del Sector salud en Colombia y su utilidad para la toma de decisiones. [en línea]. En: Revista del Instituto Internacional de Costos. 2009. vol. 5. p. 31. Disponible en: <http://www.revistaiic.org/articulos/num5/articulo21_esp.pdf>

[40] EL PAÍS. Cali.12, marzo, 2010. [periódico en línea]. Colprensa. Aumentan demandas por errores médicos. Disponible en: <http://historico.elpais.com.co/paisonline/calionline/notas/Marzo122010/1medicos.html>

de estándares semánticos y sintácticos para la construcción de soluciones de software por parte de las empresas del área de TI.

3.4.1 Procesos de negocio

- **Procesos de negocio – recuperación de Historia Clínica electrónica**

Figura 27. Proceso de recuperación de la historia clínica electrónica

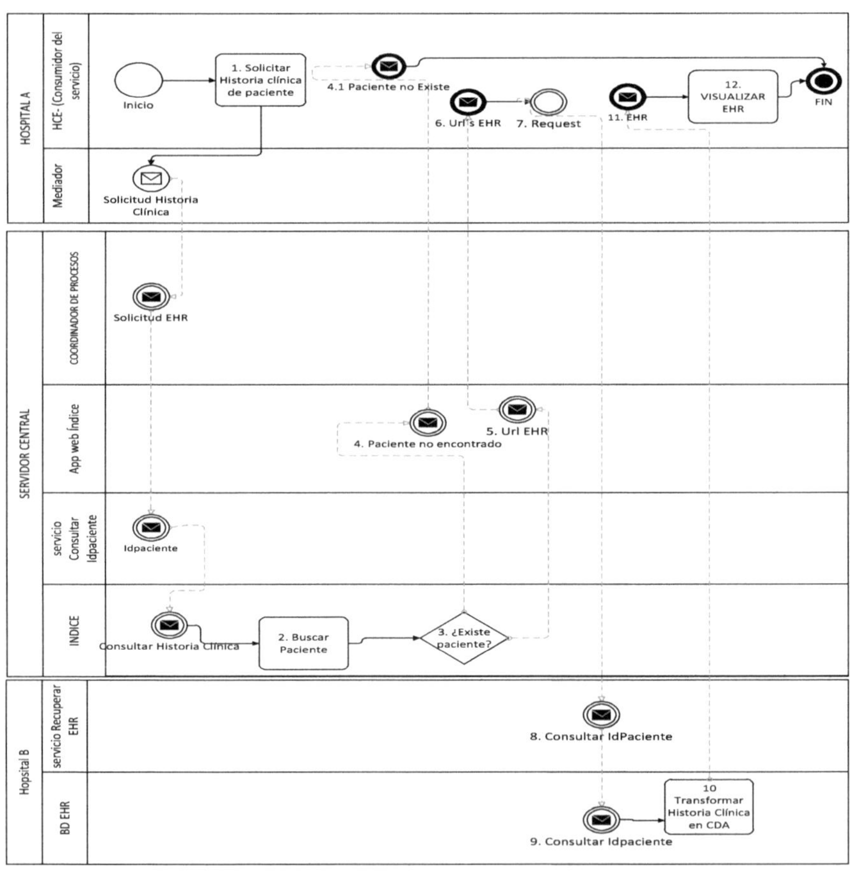

El proceso de recuperación de la historia clínica electrónica, tiene como propósito permitirle a un operador de servicios de salud como un hospital, acceder a la historia clínica electrónica de un paciente independientemente de su ubicación en cualquier sistema de información clínico conectado a la red de interoperabilidad en el territorio nacional.

- **Proceso de negocio – Creación de historia clínica electrónica**

Figura 28. Proceso de creación de la historia clínica electrónica

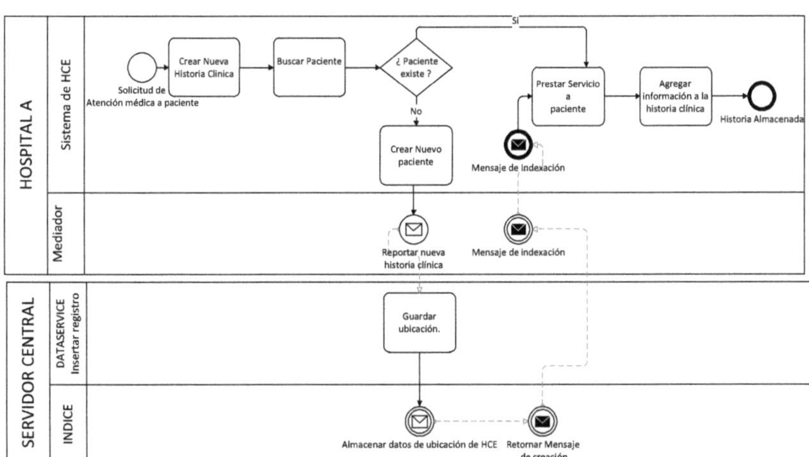

El proceso de creación de una historia clínica electrónica es realizado para registrar el expediente médico de un paciente en un sistema de información de un operador de servicios de salud, también permite registrar en el índice centralizado de historias clínicas el identificador del paciente y la ubicación de su historia, esto con el fin de que pueda ser recuperada por cualquier sistema de información conectado a la red de interoperabilidad.

3.4.2 Casos de uso del sistema

Figura 29. Casos de uso del sistema

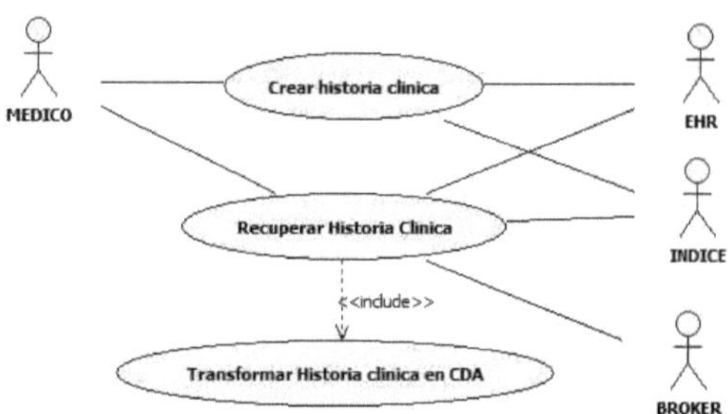

- **Caso de uso crear historia clínica**: Este caso de uso permite que se almacene la información de identificación del paciente y la ubicación de la historia clínica electrónica del mismo en un índice centralizado de historia clínicas. No contempla determinar el proceso de creación de la historia en el sistema de información clínico, ya que esa responsabilidad es de cada uno de los sistemas legados de los operadores del sistema de salud colombiano.

- **Caso de uso recuperar historia clínica:** Este caso de uso permite a un médico o un trabajador del sistema de salud, acceder desde su sistema de información clínico a la historia clínica de un paciente que puede estar almacenada en un sistema de información externo a su organización.

- **Caso de uso transformar historia clínica en CDA:** El caso de uso convierte la información recuperada de un sistema de información clínico en un documento conforme al estándar CDA (Clinical Document Architecture) para que pueda ser evaluado y si se quiere almacenado en un sistema de información clínica acorde con dicho estándar.

3.4.3 Arquitectura de referencia. La arquitectura propuesta responde a las necesidades y carencia de recursos que tienen los operadores de la salud en Colombia, producto de esto se plantea que las instituciones que ya cuentan con sistemas de información clínico no tengan que cambiar totalmente sus soluciones, en vez de ello, se plantea la construcción de servicios de interoperabilidad compuestos por adaptadores, transformadores y mediadores que constituyen un broker que se encarga de la comunicación con los servicios de coordinación de procesos, gestión del almacenamiento y ubicación de pacientes en el índice de historias clínicas, estos 3 últimos servicios deben estar desplegados en una infraestructura del alta disponibilidad.

También se plantea contar con un servicio de autenticación de sistemas y personas que acceden a la plataforma en búsqueda de historias clínicas, este servicio tiene como fin hacer el manejo de la confidencialidad de la información.

Figura 30. Arquitectura de referencia del sistema

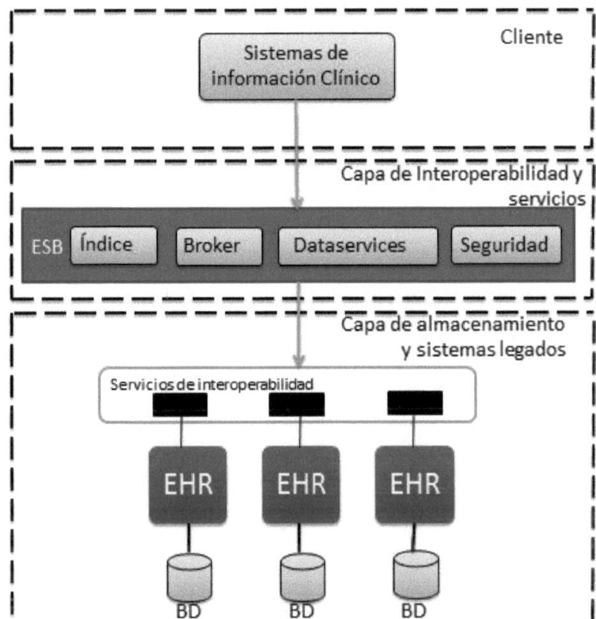

3.5 REQUERIMIENTOS DE CALIDAD

3.5.1 Atributos de calidad

3.5.1.1 Interoperabilidad. La arquitectura de intermediación debe proporcionar las interfaces necesarias para que los sistemas de información de historia clínica electrónica puedan desarrollar su broker de comunicación y de esta manera comunicarse con cualquier sistema conectado a la red de interoperabilidad. Los broker de comunicación deben estar basados en la arquitectura semántica, sintáctica y técnica que propone la arquitectura, para este caso Hl7 CDA y SOA.

3.5.1.2 Escenarios de calidad para la interoperabilidad

Cuadro 16. Escenarios de calidad para la interoperabilidad

Factor	Comportamiento
Id	EI001
Descripción del atributo.	Un sistema A de HCE debe tener la capacidad de intercambiar datos con un sistema B de HCE.
Fuente	Sistema de Información A Solicitante.
Estimulo	Recuperar la HCE de un paciente
Artefacto	Broker.
Entorno	Desarrollo.
Respuesta	El sistema A puede recuperar una historia clínica del sistema B.
Medida de la respuesta	Historia clínica recuperada el 100% de las veces.

Factor	Comportamiento
Id	EI002
Descripción del atributo.	Después de recuperada una historia por parte de un sistema de HCE, este hace uso de vocabularios médicos como SNOMED, CIE-10 y LOINC para realizar un análisis de la información e interpretar su contenido.
Fuente	Base de datos de Sistema de EHR.
Estimulo	Envío de historia clínica.
Artefacto	Componente transformador federado.
Entorno	Desarrollo.
Respuesta	El sistema mapea la historia clínica de un paciente en los dialectos SNOMED, CIE-10 Y LOINC.
Medida de la respuesta	El sistema realiza correctamente el análisis, interpretación y mapeo de la historia clínica el 100% de las veces.

Factor	Comportamiento
Id	EI003
Descripción del atributo.	Cada sistema de historia clínica electrónica debe transformar las historias clínicas de los pacientes al estándar HL7 CDA antes de ser transmitido a su solicitante.

Fuente	Sistema de información de historia clínica.
Estimulo	Petición de historia clínica
Artefacto	Componente Transformador
Entorno	Producción.
Respuesta	El sistema transforma la historia clínica electrónica de un paciente al estándar HL7 CDA,
Medida de la respuesta	El componente realiza la transformación de los datos el 100% de las veces de forma correcta.

Factor	Comportamiento
Id	EI004
Descripción del atributo.	Se deben proveer interfaces para que sistemas de información clínico desconocidos puedan hacer uso de las mismas.
Fuente	Consumidor del servicio.
Estimulo	Solicitud de servicio.
Artefacto	Coordinador de procesos
Entorno	Desarrollo.
Respuesta	Los sistemas legados de HCE consumen los servicios dispuestos por el coordinador de procesos,
Medida de la respuesta	El 100% de los sistemas que cumplan con la arquitectura propuesta pueden tener interoperabilidad con la plataforma..

3.5.1.3 Tácticas para interoperabilidad

Cuadro 17. Tácticas para interoperabilidad

Clasificación de la táctica	Nombre de la táctica	Descripción
Estandarización	**Uso de vocabularios del dominio de la salud.**	La creación de mensajes de intercambio y creación de las HCE deben estar basados en el estándar de mensajería HL7 CDA. El estándar tecnológico para la construcción de la estructura de un mensaje debe estar conforme con el protocolo SOAP.
Localizar	**Descubrir el servicio.**	Luego de recibir la ubicación de una historia clínica, el coordinador de procesos debe tener la capacidad de ubicar el servicio respectivo que retorna la historia clínica electrónica de un paciente específico. Los servicios deben estar alojados en un catálogo UDDI.
Administrar interfaces	**Orquestar**	Se debe desarrollar un componente mediador encargado de comunicar a los componentes solicitantes de la HCE y los proveedores de la HCE. Debe existir un servidor de procesos de negocio encargado de desplegar el componente coordinador de procesos quien debe organizar la ejecución de actividades de búsqueda, recepción y envío de la HCE. La implementación del escenario de ejecución del proceso de recuperación y creación de historias clínicas debe implementarse usando el lenguaje BPEL.

3.5.1.4 Disponibilidad. El broker, es un sistema de información de misión crítica, ya que su falta de disponibilidad evita la compartición de las historias clínicas electrónicas entre los diferentes sistemas de información, de tal manera que es necesario que la disponibilidad del sistema del 99.9%, lo que significa que el tiempo máximo de caída durante el año es de 8 horas y 46 segundos. En caso de presentarse fallas, el sistema pueda avisar al administrador de manera rápida acerca del fallo el 100% de su ocurrencia, dejando la información en un estado consistente para su recuperabilidad o reprocesamiento.

3.5.1.5 Escenarios de calidad para la disponibilidad

Cuadro 18. Escenarios de calidad para la disponibilidad

Factor	Comportamiento
Id	ED1
Descripción del atributo.	Al presentarse inconvenientes con el acceso a la plataforma, se envía una alerta por mensaje de correo electrónico al administrador del sistema en un tiempo no superior a 20 segundos después de ocurrido el suceso
Fuente	Loading test tool
Estimulo	Envío de petición al sistema
Artefacto	Plataforma de interoperabilidad.
Entorno	Pruebas.
Respuesta	La herramientas de ping eco detecta una caída en las comunicaciones por el canal principal, si pasados 20 segundos después de la caída del canal, este no se reestablece, la plataforma hace uso de un canal de datos de respaldo y hace envió de mensaje SMS al móvil del administrador del sistema informando del incidente.
Medida de la respuesta	Cuando el sistema se cae por más de 20 segundos, se hace uso de un canal redundante de datos e inmediatamente la herramienta envía un Mensaje de texto al móvil del administrador informando el suceso el 100% de las veces.

Factor	Comportamiento
Id	ED2
Descripción del atributo.	La plataforma de interoperabilidad tendrá una tasa de disponibilidad del 99.9%
Fuente	Loading test tool
Estimulo	Envío de petición al sistema.
Artefacto	Plataforma de interoperabilidad y sistemas legados.
Entorno	En producción
Respuesta	Prestación normal del servicio
Medida de la respuesta	Tasa no inferior al 99,9%, lo que supone un tiempo de caída en el año no superior a 2 horas y 10 minutos.

Factor	Comportamiento
Id	ED3

Descripción del atributo.	En caso de pérdida de conectividad de la plataforma de interoperabilidad durante el proceso de ingreso de información, el sistema deberá informar la imposibilidad de registro completo y solicitar el ingreso completo de la información nueva.
Fuente	Usuario final
Estimulo	Caída del servicio de creación de historia clínica nueva.
Artefacto	Bus de servicios
Entorno	Producción.
Respuesta	Informe de la caída a los usuarios y recuperación de los servicios.
Medida de la respuesta	Tiempo de reparación no superior a 30 minutos el 100% de las veces de ocurrencia del suceso. y aviso a los usuarios de la caída del sistema en el momento de que éste solicite un servicio,

Factor	Comportamiento
Id	ED4
Descripción del atributo.	Después de una caída de la base datos de índice de historias, esta debe poder recuperarse un tiempo no superior a 5 minutos.
Fuente	Hearbeat monitor
Estimulo	Servidor de base de datos no responde.
Artefacto	Base de datos de índice de historias.
Entorno	Pruebas
Respuesta	Informe de la caída a los usuarios y recuperación de los servicios.
Medida de la respuesta	Tiempo de reparación no superior a 5 minutos el 100% de las veces de ocurrencia del suceso. y aviso a los usuarios de la caída del sistema en el momento de que éste solicite un servicio,

Factor	Comportamiento
Id	ED5
Descripción del atributo.	Después de una caída en el canal de comunicaciones s, este debe poder reemplazarse en un tiempo no superior a 1 minuto.
Fuente	Loading test tool
Estimulo	Ping
Artefacto	Canal de comunicaciones de la plataforma de interoperabilidad.
Entorno	Producción.

Respuesta	Poner en operación el canal de comunicaciones del respaldo
Medida de la respuesta	Se pone en operación el canal de comunicaciones de respaldo en un tiempo no superior a 1 minuto después de la caída el 100% de las veces.

Factor	Comportamiento
Id	ED6
Descripción del atributo.	Después de un fallo en una pieza de hardware de la plataforma de interoperabilidad, entra a operar la instancia de respaldo de forma automática en un periodo no superior a 1 minuto.
Fuente	Pieza de hardware.
Estimulo	Avería que impide su funcionamiento.
Artefacto	Pieza de hardware de infraestructura de TI de la plataforma de interoperabilidad.
Entorno	Producción
Respuesta	Poner en operación la infraestructura de reemplazo del respaldo.
Medida de la respuesta	El tiempo para que entre a operar la infraestructura de respaldo no debe ser superior a 2 minutos.

Factor	Comportamiento
Id	ED7
Descripción del atributo.	Se debe hacer backup de la base de datos de índice cada hora.
Fuente	Shell de copia de seguridad.
Estimulo	Ejecución de Shell de backup.
Artefacto	Base de datos.
Entorno	Producción
Respuesta	La ejecución del proceso de backup se realiza de forma correcta el 100% de las veces.
Medida de la respuesta	Backup correcto en menos de 1 minuto el 100% de las veces..

3.5.1.6 Tácticas para disponibilidad. La plataforma de interoperabilidad de historias clínicas debe esta provista de una arquitectura de máxima disponibilidad, donde se haga estricto cumplimiento de los acuerdos de niveles de servicio, de tal manera que se obtengan los siguientes beneficios:

- Alta disponibilidad.
- Monitoreo constante de los servicios.

- Minimización de errores.
- Registros y envío de alertas acerca de sucesos.
- Recuperabilidad en caso de fallos.

Cuadro 19. Tácticas para disponibilidad

Clasificación de la táctica	Nombre de la táctica	Descripción
Detección de fallos.	Ping echo	Se debe contratar un servicio de testeo permanente de los componentes del sistema, verificando su operatividad y tiempo de respuesta. Cuando un servicio no responda al ping después de 10 peticiones consecutivas, se debe enviar un mensaje al administrador del sistema que le informe del suceso.
	Monitoreo operacional	Se debe utilizar un monitor que teste de forma permanente el correcto funcionamiento de los siguientes componentes: • Red. • Hardware. • Procesos. En caso de fallos en el proceso de creación o recuperación de historias clínicas, el monitor de procesos debe eliminar el proceso y crear una nueva instancia del mismo. De no funcionar dicha táctica se procede a poner en funcionamiento la arquitectura de redundancia pasiva. En todos los posibles escenarios de fallos, se le debe notificar al administrador del sistema acerca del suceso.
	Detección de excepciones	**Excepciones del sistema**: El coordinador de procesos activa una excepción cuando se detecta un fallo como división por cero, fallo de buses y direcciones, o instrucciones ilegales. **Timeout**: Si pasados 7 segundos después de enviar una petición a un servicio este no responde, se genera un mensaje de excepción informando del evento.
Recuperación de fallos.	Redundancia Activa	Se debe contar con una plataforma de redundancia activa para los siguientes servidores:

		• Servidor de procesos de negocio. • Enterprise Service Bus • Dataservices Server. • Database server. • Broker de mensajería. • Servidor de aplicaciones. Cuando uno de estos servidores falla, uno de los servidores que se encontraban en el mismo estado toma la carga. Este esta se constituye en la primera línea de respaldo en caso de fallas.
	Redundancia pasiva	En caso de que la redundancia activa presente fallos, se debe disponer de una arquitectura de redundancia pasiva que hace las veces de segunda línea de respaldo. Esta arquitectura debe proteger los siguientes servidores: • Servidor de procesos de negocio. • Enterprise Service Bus • Dataservices Server. • Database server. • Broker de mensajería. • Servidor de aplicaciones. El proceso de cambio de un servidor activo aun pasivo debe no ser mayor a 5 minutos.
	Rollback	El servidor de base de datos de los índices de historias clínicas debe guardar un punto de restauración cada hora, este punto de restauración tiene como propósito revertir los datos a un punto de buena consistencia después de presentarse un fallo. Una vez se hace la recuperación (rollback) el sistema debe entrar a operar normalmente.
	Manejo de excepciones	Cuando se presenta un fallo en la plataforma de interoperabilidad, se debe informar un mensaje el cliente informándolo del defecto.
	Reintento	Esta táctica se debe emplear cuando se solicita una historia clínica desde un sistema (A) hacia un sistema (B) y este no retorna la historia en un tiempo límite de 7 segundos. En este caso el sistema (A) reenvía la petición del servicio hasta 5 veces. Si durante estos reenvíos la historia clínica no es retornada, se genera un mensaje de excepción.

	Re-sincronización de estado.	Cuando una arquitectura de redundancia pasiva entra en funcionamiento, el coordinador de procesos debe enviar a este el estado en el que se encontraba un proceso antes de la falla, para que se pueda continuar con la ejecución del proceso.
Prevención de fallos.	Modelo predictivo	Se recomienda desplegar un modelo predictivo virtualizado, que en la etapa de pruebas pueda medir el rendimiento, disponibilidad y funcionalidad de la aplicación previa a la puesta en producción.

3.5.1.7 Modificabilidad. La modificabilidad en la arquitectura de la plataforma de interoperabilidad debe permitir que se puedan realizar cambios en el sistema sobre un módulo sin que otros módulos se ven afectados por el nuevo cambio. Para ello toda la arquitectura debe estar soportada sobre SOA, donde cada servicio este desacoplado de otros servicios.

Cuadro 20. Escenarios de calidad para la modificabilidad

Factor	Comportamiento
Id	EM001
Descripción del atributo.	Agregar nueva funcionalidad: La plataforma debe proveer un mecanismo para la que soporte versiones posteriores de HL7 CDA v 2.0.
Fuente	Desarrollador
Estímulo	Realizar un cambio que soporta una nueva versión de HL7 CDA.
Artefacto	Componente de trasformación de historias clínicas a CDA.
Entorno	Tiempo de diseño
Respuesta	Realizar modificaciones sin afectar terceras partes.
Medida de la respuesta	Se realizó la implementación de la nueva funcionalidad con cero costos en términos de afectaciones a otros componentes.

Factor	Comportamiento
Id	EM002
Descripción del atributo.	Agregar nuevos servicios: la plataforma debe soportar la agregación de nuevos servicios provenientes de las restricciones del negocio.

Fuente	Desarrollador
Estimulo	Agregación de nuevo servicio.
Artefacto	Servicios de búsqueda, empaquetamiento y transmisión de historias clínicas desplegados en el Enterprise Service Bus.
Entorno	Producción
Respuesta	Servicio agregado y en operación
Medida de la respuesta	Cero costos de afectación a terceros componentes o servicios.

Cuadro 21. Tácticas para modificabilidad

Clasificación de la táctica	Nombre de la táctica	Descripción
Reducir el tamaño del módulo.	Dividir el módulo.	Cada módulo de funcionalidad de la plataforma de interoperabilidad debe ser implementada por un conjunto de servicios independientes, autónomos y desacoplados de los demás servicios. Esto permite que sea facilidad en el mantenimiento con costos razonables.
Incrementar la cohesión.	Mantener coherencia semántica.	Se debe asegurar que haya una alta cohesión entre los servicios del sistema que trabajan juntos para ejecutar una funcionalidad o proceso.
	Anticiparse a cambios futuros.	El diseño y construcción del sistema deben prever que se generen cambios constantes, producto de las restricciones y drivers de negocio, de tal manera que la plataforma soporte cambios cuando se requieran.
	Encapsulamiento	Cada servicio debe proveer interfaces bien definidas, de la mima manera debe proteger el estado y la visibilidad de un objeto para evitar cambios indeseados.
	Usar intermediarios.	Cada sistema de información clínico que desee consumir información clínica de la plataforma de interoperabilidad debe construir un intermediario basado en la arquitectura diseñada en el presente documento.

3.5.2 Seguridad

- Los sistemas que comparten información de historia clínica deben autenticarse en la plataforma el 100% de las veces que acceden a consumir un servicio por medio de un sistema de seguridad asimétrico.
- El coordinador de procesos experimenta un gran número de peticiones que no corresponden a ningún requerimiento de historia clínica. En el cien por ciento de las veces, el sistema detecta el nivel anormal de la actividad, notifica al administrador del sistema, y continúa el procesamiento de las solicitudes de servicio en modo degradado.
- El coordinador de procesos debe administrar un registro de peticiones de historias clínicas entre los sistemas de información para el manejo de la No repudiación.
- Se deben ejecutar copias de seguridad de la información persistente cada 1 hora para su posterior recuperación en caso de fallos.
- Dentro de la seguridad para el acceso a la consulta de historias clínicas, se encuentra un sistema de login para cada miembro del personal médico, en caso de que haya tres reintentos de login fallido consecutivos, el sistema bloquea el acceso al usuario.
- Es responsabilidad de cada IPS el almacenamiento, seguridad y confidencialidad de las historias clínicas a su cargo, ya que la plataforma de interoperabilidad no almacenara ninguna historia clínica electrónica, está tiene como fin servir de intermediaria entre los diferentes sistemas de información clínicos.
- Se deben desarrollar mecanismos para evitar ataques SQL injection a la base de datos de índice médico.

3.5.2.1 Escenarios de calidad para la seguridad

Cuadro 22. Escenarios de calidad para la seguridad

Factor	Comportamiento
Id	ES001

Descripción del atributo.	En caso de presentarse problemas con la integridad y disponibilidad de los datos persistentes, se debe poder recuperar los datos teniendo en cuenta el último backup realizado.
Fuente	Usuario no autorizado
Estimulo	Modificación o borrado de datos persistentes.
Artefacto	Repositorio de datos del índice de historias.
Entorno	En producción.
Respuesta	Es sistema contiene un log de auditoria y una servidor de BD con redundancia activa y pasiva.
Medida de la respuesta	Capacidad de recuperación de datos originales en menos de 10 minutos después de presentado el suceso.

Factor	Comportamiento
Id	ES002
Descripción del atributo.	Validación de usuarios en la plataforma. Cada miembro del personal médico debe tener un login de acceso a la plataforma para consultar historias clínicas.
Fuente	Miembro de personal médico.
Estimulo	Reintentos de login fallido.
Artefacto	Servidor de identidad.
Entorno	En producción
Respuesta	El sistema bloquea al acceso al usuario durante 6 horas.
Medida de la respuesta	Al tercer intento de login fallido por parte de un usuario, el servidor de identidades bloquea el acceso por 6 horas el 100% de las veces que ocurre el suceso.

Factor	Comportamiento
Id	ES003
Descripción del atributo.	Manejo de no repudiación en consulta de EHR. Cuando un miembro del personal médico solicita una copia de la historia clínica de un paciente a la plataforma de interoperabilidad, el coordinador de procesos debe guardar un log con la fecha, la identidad del usuario y la identidad del paciente.
Fuente	Usuario
Estimulo	Solicitar historia clínica de un paciente.
Artefacto	Coordinador de procesos.
Entorno	Pruebas
Respuesta	Guardar un log de auditoria con los datos del médico, paciente, y fecha de solicitud.

Medida de la respuesta	El 100% de las veces que se solicita una historia, se guarda el log de auditoria.

Factor	Comportamiento
Id	ES004
Descripción del atributo.	Gestión de roles y privilegios de acceso a funcionalidades. El sistema permitirá la gestión de roles de usuario con sus funcionalidades al 100% cuando se ingrese según los permisos o privilegios establecidos para los usuarios.
Fuente	Usuario
Estimulo	Acceso al sistema.
Artefacto	Plataforma de interoperabilidad.
Entorno	Pruebas
Respuesta	Permitir la ejecución de funcionalidades de acuerdo con el rol identificado.
Medida de la respuesta	El 100% de las veces el sistema muestra las funcionalidades correctas de acuerdo con los privilegios del usuario.

Factor	Comportamiento
Id	ES005
Descripción del atributo.	Cierre de sesión por inactividad. Si después de iniciar sesión, hay inactividad durante 5 minutos, la sesión del usuario se cierra.
Fuente	Usuario
Estimulo	Inactividad durante 5 minutos.
Artefacto	Servidor de identidades
Entorno	Desarrollo
Respuesta	Cierre de sesión, informe al usuario del suceso y retorno a la ventana de login.
Medida de la respuesta	Se cierra la sesión pasados 5 minutos de actividad el 100% de las veces. Se le informa al usuario el 100% de las veces. Se redirecciona a la ventana de login el 100% de las veces.

Factor	Comportamiento
Id	ES006
Descripción del atributo.	Acceso inautorizado al sistema. Permite generar medidas de protección en caso de que un usuario ilegitimo logre acceder al sistema.
Fuente	Usuario ilegitimo.

Estimulo	Intento de modificación de los datos del índice de historias clínicas.
Artefacto	Información del índice de historias clínicas.
Entorno	Producción
Respuesta	Generar log de acceso, protección de datos frente a acceso no autorizados e informe al administrador del suceso acerca del suceso.
Medida de la respuesta	El consolidado de historias de estar siempre en modo lectura. Los nuevos registros en el índice pasan primero a un repositorio donde son auditados para posteriormente pasarlos al índice consolidado.

Factor	Comportamiento
Id	ES007
Descripción del atributo.	Ataque de denegación del servicio DDOS. Permite detectar peticiones sospechosas en el sistema por su volumen y frecuencia.
Fuente	Usuario ilegitimo.
Estimulo	Gran volumen de peticiones en intervalos de tiempo cortos.
Artefacto	Servidor de identidades.
Entorno	Producción
Respuesta	Detectar excesiva demanda de servicios.
Medida de la respuesta	Bloquear direcciones no autorizadas para interactuar con la plataforma de interoperabilidad. El monitor de carga elimina peticiones que consumen demasiado ancho de banda. Mantener los servidores respondiendo a peticiones de usuarios normales durante el ataque el modo degradado. Estas medidas se deben tomar el 100% de las veces

Factor	Comportamiento
Id	ES008
Descripción del atributo.	SQL Injection. Un usuario ilegitimo intenta hacer operaciones DML sobre la base de datos.
Fuente	Usuario ilegitimo.
Estimulo	SQL injection.
Artefacto	Base de datos de índice de historias clínicas.
Entorno	Producción

Respuesta	No permitir operaciones DML y mostrar un mensaje de excepción.
Medida de la respuesta	El 100% de las veces que se intenta acceder a información por este medio se genera la excepción. La base de datos y l aplicación incorporan mecanismos de protección contra ataques SQL injection.

3.5.2.2 Tácticas para seguridad

Cuadro 23. Tácticas para seguridad

Clasificación de la táctica	Nombre de la táctica	Descripción
Detectar ataques	Detectar Instrucción.	La plataforma debe contar con un monitor de tráfico que detecte volúmenes de peticiones inusuales, cuando se encuentra este suceso se le asigna un pequeño ancho de banda al emisor de la petición y posteriormente se bloquea la petición.
	Detectar denegación de servicio.	Par aprevenir ataque de denegación de servicios, las peticiones deben pasar por un filtrado Ip, que elimine transacciones de direcciones no autorizadas. En caso de presentarse denegación del servicio se detecta la ocurrencia y se informa al administrador del sistema.
	Detectar latencia excesiva.	En todo momento se deben monitorear los tiempos de transmisión, en caso de que una petición tarde más de 7 segundos en ejecutarse, se debe registrar el suceso y avisar al actor pertinente.
Resistir ataques	Identificar actores.	Cada actor sistema que se comunique con la plataforma de interoperabilidad debe identificarse por medio de su IP y dirección MAC.
	Autenticar actores.	Cada actor que intente consultar o crear una historia clínica debe autenticarse por medio de una firma digital.
	Autorizar actores.	Las autorizaciones a ciertas funcionalidades serán administradas por un sistema de roles

		y permisos administrados por el servidor de identidades.
Reaccionar a ataques	Revocar acceso.	Después de tres intentos fallidos de login en la plataforma, la cuenta del usuario será bloqueada por 6 horas. Si se presentan 5 intentos fallidos de acceso la cuenta será bloqueada de forma permanente.
	Informar a actores.	En caso de presentarse problemas con intento de acceso no autorizado, DDOS, caída del sistema, perdida de datos o corrupción de los mismos, violación de la confidencialidad, se le avisará al administrador del sistema acerca del suceso con un mensaje de correo electrónico y un SMS.
Recuperarse de ataque	Mantener log de auditorías.	Se debe mantener un log de auditoria de los accesos, consultas y creación de registros en el índice.
	Restaurar sistema.	En caso de necesitar hacer un proceso de recuperación de datos en el índice de historias clínicas, se debe hacer un análisis de los log de auditoria antes de proceder a la recuperación del backup.

3.5.3 Rendimiento

- Después de hacer una petición de una historia clínica, esta necesita presentarse completamente al usuario en menos de 7 segundos el 90% de las veces.
- En caso de presentarse problemas producto de errores cometidos por el usuario, el sistema debe mostrar mensajes de alerta a los sumo 2 segundos después de ocurrido el evento.
- El sistema debe soportar 1000 sesiones concurrentes sin perder el tiempo de respuesta (inferior o igual a 3 segundos) el 98% del tiempo.

3.5.3.1 Escenarios de Calidad para el rendimiento

Cuadro 24. Escenarios de calidad para el rendimiento

Factor	Comportamiento
Id	ER001

Descripción del atributo.	Tiempo máximo de respuesta. El tiempo máximo por transacción es de 7 segundos.
Fuente	Herramienta de monitoreo
Estímulo	Recuperación de la historia clínica electrónica de un paciente.
Artefacto	Componente coordinador de procesos.
Entorno	Pruebas.
Respuesta	Retornar la historia clínica electrónica de un paciente.
Medida de la respuesta	Retorno de la historia clínica de un paciente en menos de 7 segundos el 98% de las veces.

Factor	Comportamiento
Id	ER002
Descripción del atributo.	Conexiones simultáneas. El sistema debe proveer 10.000 conexiones simultáneas sin perder el rendimiento de transacciones (máximo 7 segundos)
Fuente del estimulo	Loading test tool.
Estímulo	Número de sesiones concurrentes sin perder rendimiento.
Artefacto	Plataforma de interoperabilidad.
Entorno	Sistema sobrecargado
Respuesta	Ejecución de transacciones
Medida de la respuesta	Latencia no superior a 7 segundos con 10.000 conexiones simultáneas el 98% del tiempo.

Factor	Comportamiento
Id	ER003
Descripción del atributo.	Mensajes de error. Se deben mostrar mensajes informativos cuando un usuario este cometiendo un error en el uso del sistema.
Fuente del estimulo	Usuario
Estímulo	Errores cometidos por un usuario
Artefacto	Coordinador de procesos
Entorno	Pruebas
Respuesta	Mostrar mensajes de alerta 2 segundos después del estímulo.
Medida de la respuesta	Mostrar los mensajes el 100% de las veces en que se presenta el estímulo.

3.5.3.2 Tácticas para rendimiento. Para dar cumplimiento a las metas de rendimiento del sistema se propone la aplicación de las siguientes tácticas:

Cuadro 25. Tácticas para rendimiento

Clasificación de la táctica	Nombre de la táctica	Descripción
Demanda de control de recursos.	Limitar tiempos de ejecución.	Se debe determinar un límite de tiempo para la ejecución de los procesos, el cual no debe ser superior a 7 segundos.
Administración de recursos.	Incremento de recursos.	El uso de plataformas e infraestructuras en la nube con sistemas de procesamiento elásticos y por demanda, permiten que se dispongan de recursos suficientes para el procesamiento de datos en la medida de la demanda de recursos que se dé.
	Introducir la concurrencia.	Se debe hacer uso de hilos de ejecución para el procesamiento de tareas en simultáneo.
	Mantener varias copias de cálculos.	Se debe tener varios servidores en una arquitectura grid computing realizando operaciones, los cuales deben ser administrados por un sistema de balanceo de carga.
	Mantener varias copias de los datos.	Los sistemas de información clínico deben proveer una cache para que almacenen la historia clínica electrónica hasta 1 mes después de su recuperación y así evitar al generación de nuevas transacciones cuando esta sea nuevamente consultada.

3.5.4 Escalabilidad

- La plataforma de interoperabilidad debe permitir que nuevos sistemas de información clínica se unan a la plataforma de interoperabilidad.
- La plataforma de interoperabilidad debe permitir el escalamiento vertical y horizontal de la infraestructura tecnológica de manera automática de acuerdo con las necesidades demandadas por los usuarios.

Cuadro 26. Escenarios de calidad para Escalabilidad

Factor	Comportamiento
Id	EE001
Descripción del atributo.	Conexión de nuevos sistemas de información. En la medida en que más sistemas de información de gestión de historias

	clínicas desarrollen sus broker para interoperabilidad, la plataforma debe tener la capacidad de agregar estos nuevos sistemas sin que se vea comprometido el rendimiento.
Fuente del estimulo	Nuevo sistema de información clínico
Estímulo	Petición de acceso a la plataforma de interoperabilidad.
Artefacto	Plataforma de interoperabilidad.
Entorno	Producción
Respuesta	La plataforma de interoperabilidad provee acceso al nuevo sistema de información clínico.
Medida de la respuesta	Disponibilidad de servicios de la plataforma de interoperabilidad a sistemas de información clínicos que cumplan con las especificaciones arquitectónicas

Factor	Comportamiento
Id	EE002
Descripción del atributo.	Elasticidad. La infraestructura de despliegue de la solución debe permitir elasticidad de acuerdo con los recursos requeridos.
Fuente del estimulo	Usuario
Estímulo	Todos los usuarios de todos los sistemas de información clínico conectados de manera simultánea consultando y creando historias clínicas.
Artefacto	Plataforma de interoperabilidad.
Entorno	Producción
Respuesta	Consumir nuevos recursos para proporcionar el servicio sin perder el rendimiento.
Medida de la respuesta	El sistema debe consumir los recursos computacionales requeridos para procesar dichas solicitudes, cada una de ellas en menos de 7 segundos.

Factor	Comportamiento
Id	EE003
Descripción del atributo.	Escalamiento vertical. La infraestructura tecnológica que soporta la plataforma de interoperabilidad debe estar en la capacidad de añadir más memoria o almacenamiento cuando sea requerido de manera automática.
Fuente del estimulo	Monitor de recursos.
Estímulo	Mensaje de agotamiento de recursos.
Artefacto	Plataforma de interoperabilidad.

Entorno	Producción.
Respuesta	Agregación de capacidad de almacenamiento primario y secundario de forma automática.
Medida de la respuesta	El 100% de las veces en que se agoten los recursos de almacenamiento, la infraestructura debe proveer de forma elástica los recursos requeridos durante el tiempo que sea necesario.

Factor	Comportamiento
Id	EE004
Descripción del atributo.	Escalamiento horizontal. Esta propiedad permite añadir un nuevo servidor al clúster para incrementar la capacidad de procesamiento.
Fuente del estimulo	Monitor de recursos.
Estímulo	Mensaje de agotamiento de recursos de procesamiento.
Artefacto	Hipervisor.
Entorno	Producción.
Respuesta	Agregación de una nueva máquina virtual a la infraestructura.
Medida de la respuesta	El 100% de las veces en que se agoten los recursos de procesamiento, la infraestructura debe desplegar de forma elástica las máquinas virtuales requeridas para proporcionar más capacidad de procesamiento.

3.5.4.1 Tácticas para Escalabilidad

Cuadro 27. Tácticas para escalabilidad

Clasificación de la táctica	Nombre de la táctica	Descripción
Hacer disponibles los recursos	Infraestructura como servicio.	Para proporcionar escalamiento en la plataforma de interoperabilidad, se propone el uso de un servicio de infraestructura en una nube pública, que permita tener elasticidad de recursos de acuerdo con la demanda requerida.

3.6 VISTAS ARQUITECTÓNICAS

3.6.1 Punto de vista funcional

3.6.1.1 Modelo de paquetes

Paquete cliente: El paquete cliente debe contener los servicios “adapters” y “transformers” necesarios para que un sistema de información clínico se comunique con la plataforma de interoperabilidad.

Paquete orquestación: Este paquete contendrá los procesos que coordinan la creación y la recuperación de historias clínicas.

Paquete broker: El broker es el más importante de los paquetes, ya que contiene los servicios de acceso a los datos del índice de historias clínicas y por su puesto el índice de historias clínicas, donde se almacenan la identificación del paciente y las ubicaciones de si historias en los diferentes sistemas de información clínico.

Paquete servicioIntegracion: Los servicios de integración les permiten a los sistemas de información clínico HIS que almacenan los records de los pacientes establecer interoperabilidad con los servicios desplegados en el broker, allí se encuentran los servicios de acceso a datos de los HIS, los trasformadores, los adaptadores y los gestores de colas de trabajo.

Paquete seguridad: El paquete de seguridad alberga los servicios de autenticación y gestión de usuarios.

Paquete persistencia. El paquete persistencia es una abstracción de los mecanismos que utilizan los sistemas de información clínico para albergar la información de la historia clínica electrónica.

Figura 31. Modelo de paquetes

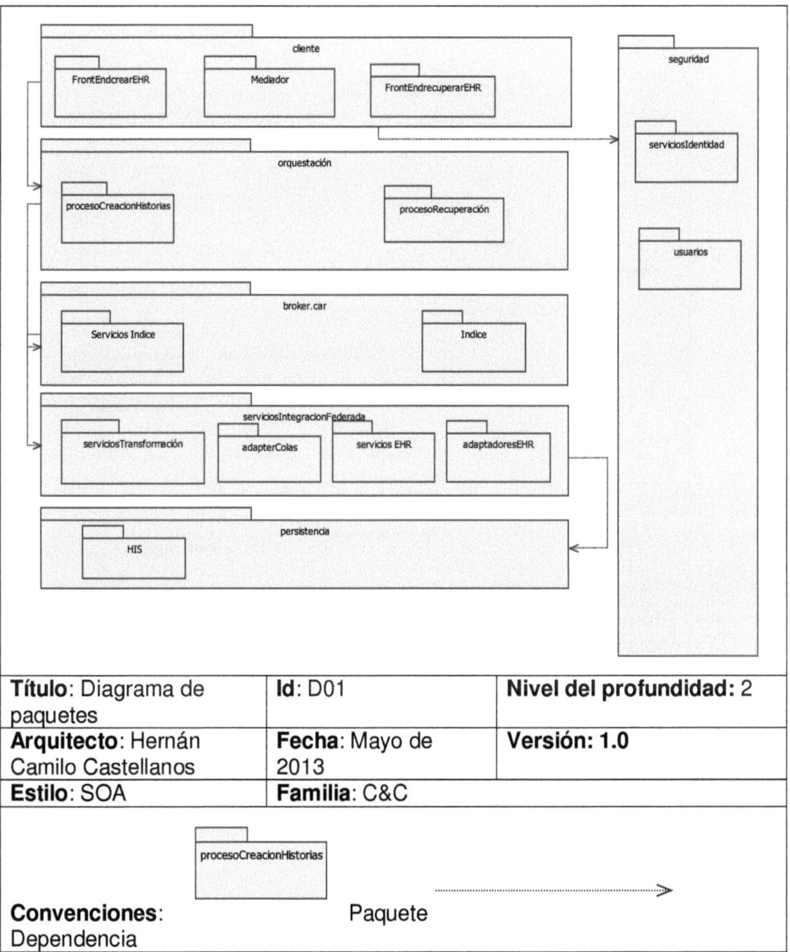

Título: Diagrama de paquetes	**Id**: D01	**Nivel del profundidad:** 2
Arquitecto: Hernán Camilo Castellanos	**Fecha**: Mayo de 2013	**Versión: 1.0**
Estilo: SOA	**Familia**: C&C	
Convenciones: Dependencia	Paquete	

3.6.1.2 Modelo de componentes

Figura 32. Modelo de componentes

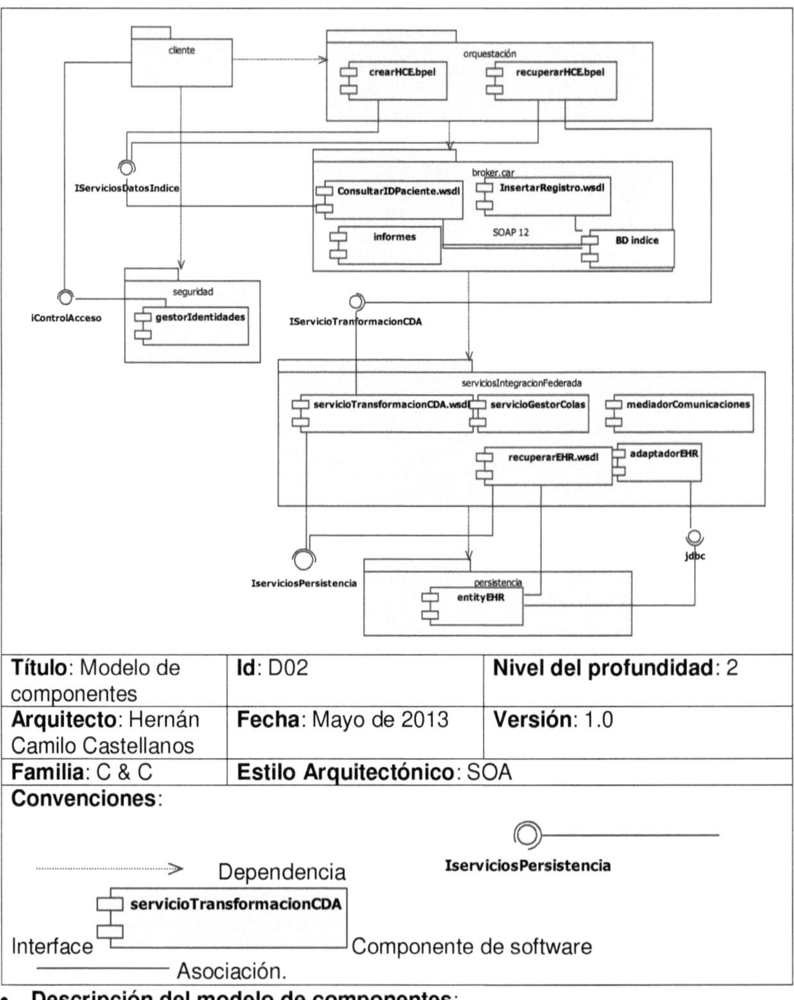

Título: Modelo de componentes	**Id**: D02	**Nivel del profundidad**: 2
Arquitecto: Hernán Camilo Castellanos	**Fecha**: Mayo de 2013	**Versión**: 1.0
Familia: C & C	**Estilo Arquitectónico**: SOA	

Convenciones:

Dependencia

Interface

Componente de software

Asociación.

- **Descripción del modelo de componentes**:

El modelo de componentes de la arquitectura de interoperabilidad de historias clínicas electrónicas está compuesto por los siguientes elementos.

CrearHCE.bpel: La especificación de este proceso permite orquestar la ejecución del proceso de creación de una historia clínica en un sistema de información clínico y en el índice de registros para su posterior.

RecuperarHCE.bpel: Este proceso de negocio permite a un usuario recuperar la historia clínica de un paciente que se encuentra almacenada de manera remota en un sistema de información clínico.

ConsultarIDPaciente.wsdl: Este servicio web extrae los datos de la ubicación de la historia clínica electrónica de un paciente de una base de datos centralizada en Oracle 10g, para la búsqueda se le pasa como parámetro del ID del paciente.

InsertarRegistro.wsdl: Este servicio web permite almacenar los datos de la ubicación de la historia clínica electrónica de un paciente de una base de datos centralizada en Oracle 10g. Todos los servicios están especificados con un endpoint SOAP 12.

Índice: El índice de la historia clínica electrónica está almacenado en una base de datos Oracle centralizada, la cual además de guardar la ubicación de la historia clínica de un paciente, permite registrar los hospitales, médicos, ubicaciones geográficas y demás entes autorizados para hacer uso de la plataforma de interoperabilidad. La ubicación de la historia clínica es guardada por un sistema de información de historia clínica cualquiera, que se conecta a un servicio web para indexar la historia clínica cada vez que esta es creada. En ningún caso un usuario puede guardar ni modificar la ubicación de una historia clínica de un paciente.

ServicioTransformacionCDA: Este servicio permite transformar datos extraídos de un sistema de información clínico y convertirlos en un documento HL7 CDA para su posterior procesamiento o almacenamiento.

ServicioGestorColas: Este servicio permite gestionar la mensajería JMS por medio del broker Apache ActiveMQ.

MediadorComunicaciones: Este componente permite mediar las comunicaciones entre un sistema de información clínico y la plataforma de interoperabilidad.

AdaptadorEHR: El componente adaptador permite establecer interoperabilidad con un sistema de información clínico definido. Cada proveedor de sistema de información clínico debe construir sus propios adaptadores que se comunican con la plataforma de interoperabilidad.
Servicio recuperar EHR: Este servicio permite consumir los datos de la historia clínica de un paciente para su posterior recuperación.

GestiorDeIdentidades: Este componente gestiona la seguridad y el acceso a la plataforma de interoperabilidad.

Figura 33. Modelo de componentes- orquestación

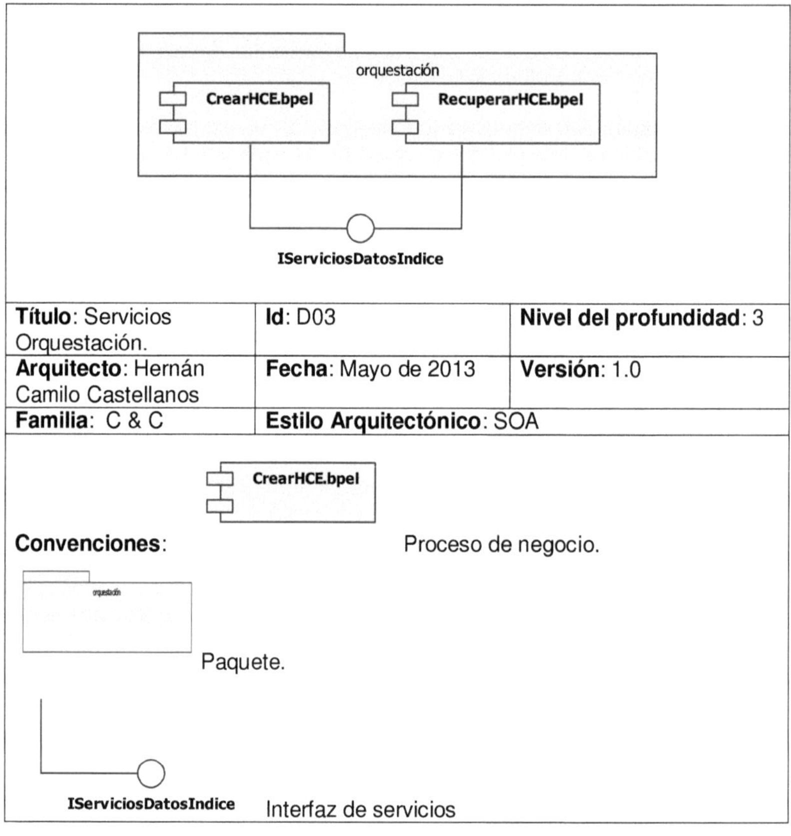

Título: Servicios Orquestación.	**Id**: D03	**Nivel del profundidad**: 3
Arquitecto: Hernán Camilo Castellanos	**Fecha**: Mayo de 2013	**Versión**: 1.0
Familia: C & C	**Estilo Arquitectónico**: SOA	

Convenciones: Proceso de negocio.

Paquete.

Interfaz de servicios

Figura 34. Modelo de componentes- broker

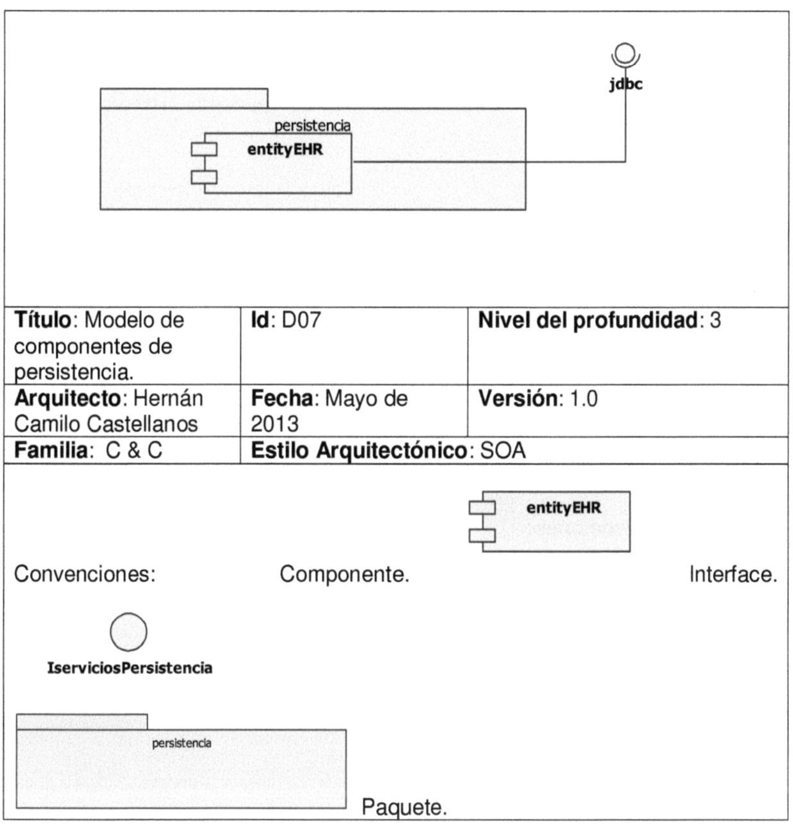

Título: Modelo de componentes de persistencia.	**Id**: D07	**Nivel del profundidad**: 3
Arquitecto: Hernán Camilo Castellanos	**Fecha**: Mayo de 2013	**Versión**: 1.0
Familia: C & C	**Estilo Arquitectónico**: SOA	

Convenciones: Componente. Interface.

Paquete.

Figura 35. Modelo de componentes- capa integración federada

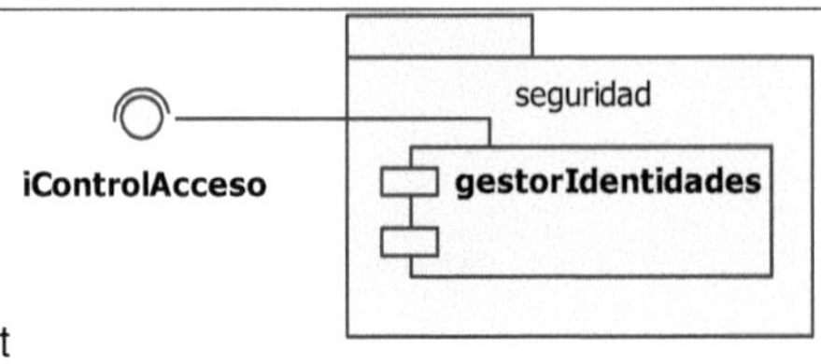

Título: servicios seguridad	**Id**: D05	**Nivel del profundidad**: 3
Arquitecto: Hernán Camilo Castellanos	**Fecha**: Mayo de 2013	
Familia: C & C	**Estilo Arquitectónico**: SOA	

Convenciones: gestorIdentidades Componente seguridad.

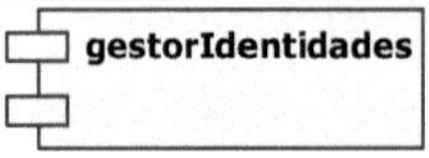

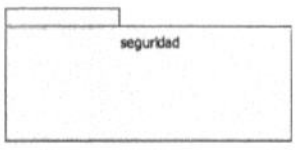

seguridad Paquete seguridad. iControlAcceso Interface.

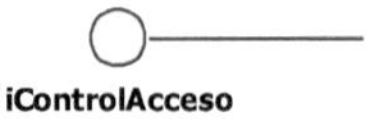

Figura 36. Modelo de componentes- seguridad

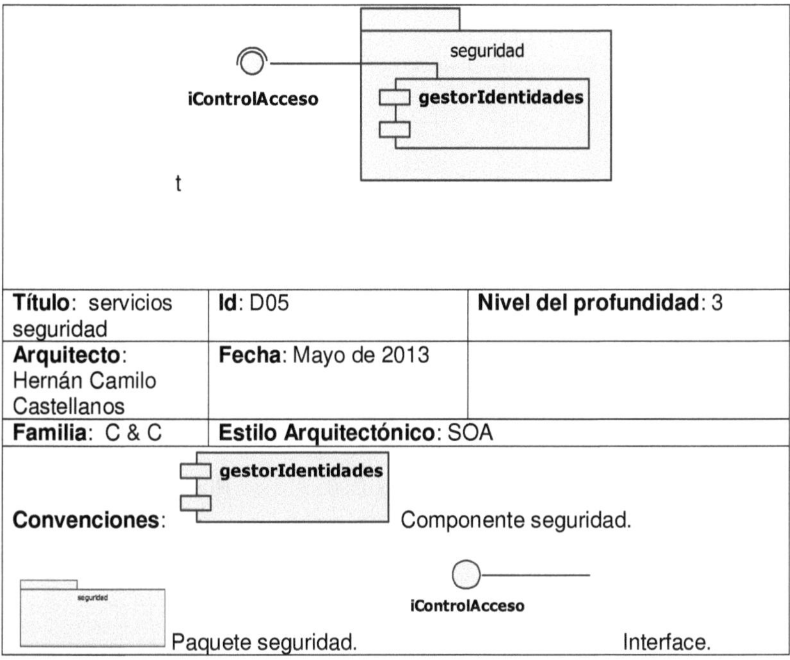

Título: servicios seguridad	**Id**: D05	**Nivel del profundidad**: 3
Arquitecto: Hernán Camilo Castellanos	**Fecha**: Mayo de 2013	
Familia: C & C	**Estilo Arquitectónico**: SOA	
Convenciones: gestorIdentidades Componente seguridad.		
seguridad Paquete seguridad.	iControlAcceso Interface.	

Figura 37. Modelo de componentes- interoperabilidad

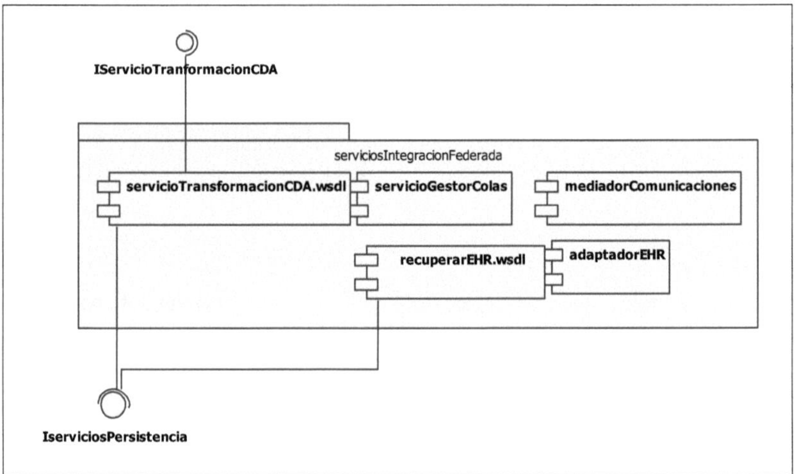

IServicioTranformacionCDA

serviciosIntegracionFederada

servicioTransformacionCDA.wsdl

servicioGestorColas

mediadorComunicaciones

recuperarEHR.wsdl

adaptadorEHR

IserviciosPersistencia

Título: Servicios Integración Federada.	**Id**: D06	**Nivel del profundidad**: 2
Arquitecto: Hernán Camilo Castellanos	**Fecha**: Mayo de 2013	
Familia: C & C	**Estilo Arquitectónico**: SOA	
Convenciones: servicioTransformacionCDA.wsdl Servicio Paquete IserviciosPersistencia Interface		

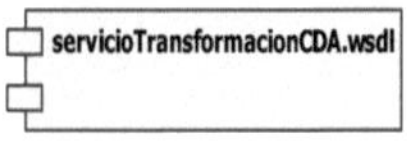

3.6.1.3 Diagramas de diseño de solución de alto nivel. – Proceso de creación de EHR. A continuación, se presenta un diagrama que describe la solución de interoperabilidad a un alto nivel.

Figura 38. Diagrama de diseño de solución de alto nivel – Proceso de creación de EHR

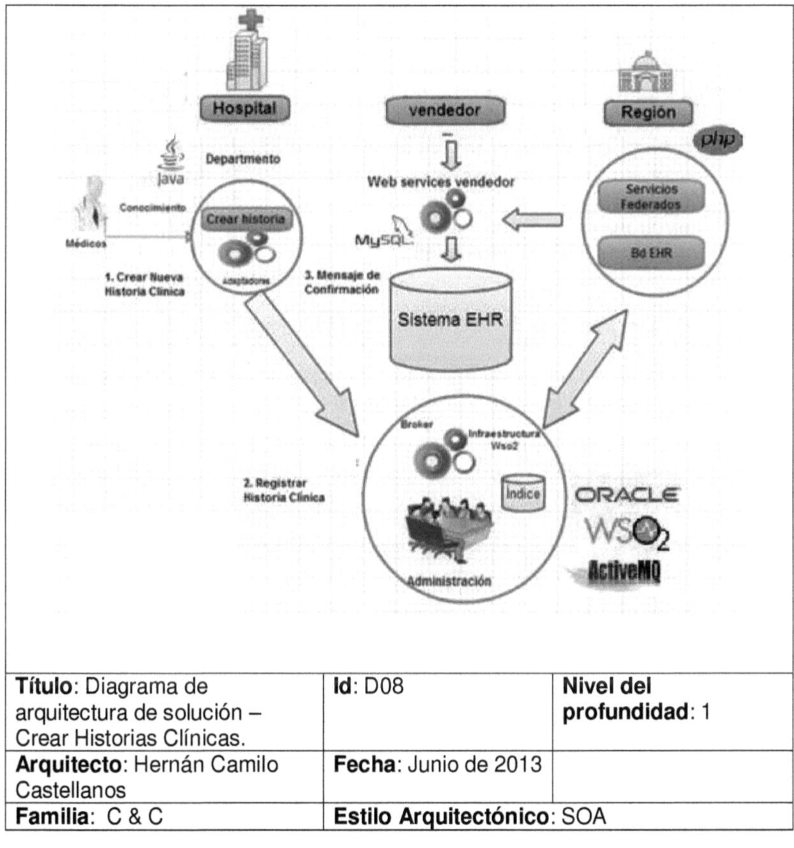

Título: Diagrama de arquitectura de solución – Crear Historias Clínicas.	**Id**: D08	**Nivel del profundidad**: 1
Arquitecto: Hernán Camilo Castellanos	**Fecha**: Junio de 2013	
Familia: C & C	**Estilo Arquitectónico**: SOA	

Durante el proceso de creación de una historia clínica nueva se ejecutan las siguientes actividades:

- El medico crea una nueva historia clínica en el sistema de información de historias clínicas que posea la IPS.
- El sistema de información de historia clínica consume el servicio web creación de registro en el índice de historias clínicas, pasándole como parámetros los datos del paciente, hospital, médico y la ubicación pública de la historia clínica para que sirva como punto de acceso remoto para la consulta de historias clínicas.
- Posterior al proceso de almacenar los datos de la historia clínica en el índice de historias, se emite un mensaje al médico informándole acerca del proceso exitoso.

3.6.1.5 Diagramas de Secuencia. Los diagramas de secuencia, muestran la interacción de los objetos y el intercambio de mensajes que hacen posible la ejecución de los procesos de creación y recuperación de historias clínicas electrónicas. A continuación, se muestran los diagramas de los dos procesos mencionados con anterioridad.

- **Diagrama de Secuencia Crear Historia Clínica**

El siguiente diagrama describe el proceso de creación de una historia clínica electrónica a nivel de componentes de software.

Figura 39. Diagrama de secuencia Crear Historia Clínica

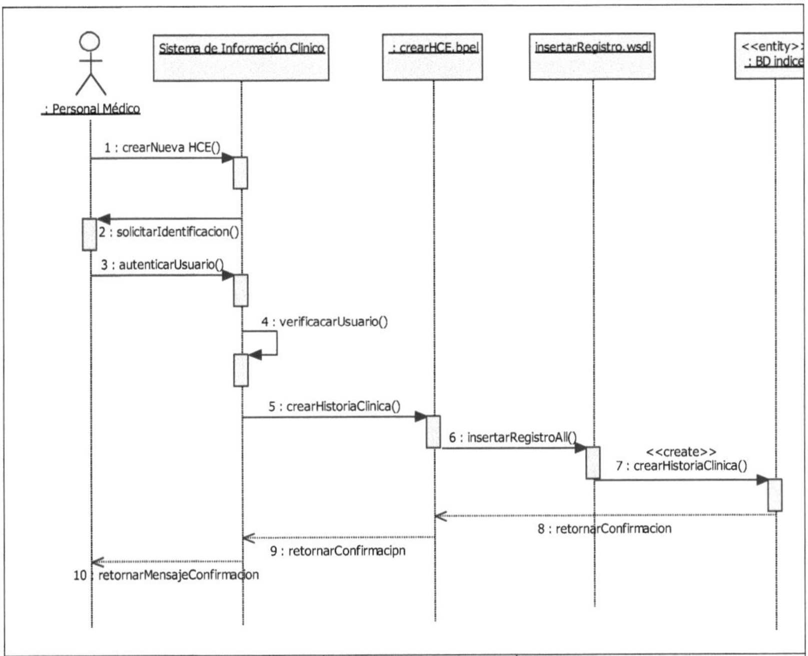

Título: Diagrama de secuencia – Crear Historias.	**Id**: D10	**Nivel del profundidad**: 3
Arquitecto: Hernán Camilo Castellanos	**Fecha**: Mayo de 2013	
Familia: C & C	**Estilo Arquitectónico**: SOA	

Descripción de actores y objetos.

- **Sistema de Información clínico:** Este sistema de información puede ser cualquiera de los sistemas de información que actualmente están operando en las instituciones prestadoras de servicios salud y que necesariamente maneja historias clínicas electrónicas. Vale la pena indicar que la tecnología con la que está construido el sistema es desconocida.

- **Proceso CrearHCE:** Este proceso permite coordinar las actividades y los objetos de software que intervienen en la creación de la historia clínica a nivel de plataforma de interoperabilidad.

- **Servicio InsertarRegistro:** El servicio de InsertarRegistro indexa cada una de las historias clínicas electrónicas, estas historias son creadas por los sistemas de información de los operadores de servicios de salud que hacen parte de la plataforma de interoperabilidad. Este servicio debe estar desplegado en una infraestructura de alta disponibilidad para que los sistemas de información clínico lo puedan consumir.

- **Índice:** El índice es un repositorio de información sobre una base de datos relacional que administra las ubicaciones de la historia clínica, los médicos autorizados para consultarlo, hospitales y sistemas de información que hacen parte de la plataforma de interoperabilidad.

Flujo de eventos:

1. El médico ejecuta la operación crear una nueva historia clínica en el sistema de información clínico.
2. El sistema de información clínico le solicita el médico sus credenciales de acceso.
3. El médico se autentica bajo los mecanismos dispuestos por el sistema. Si son correctos se envía un mensaje al servicio crearHCE, de lo contrario le solicita autenticarse nuevamente hasta que sea correcta a autenticación.
4. Cuando la autenticación ocurre con éxito, el sistema de información clínico toma los datos de la historia clínica necesarios para su indexación y los envía al proceso crearHCE quien recibe el mensaje y activa el proceso de creación de la HCE en el índice, posteriormente envía el mensaje InsertarRegistroAll al servicio insertarRegistro con los siguientes datos: (IDREGISTRO, FECHA, IDPACIENTE, NITHOSPITAL, CEDULAUSUARIO Y UBICACIÓN)
5. El servicio InsertarRegistro captura los datos y crea el nuevo registro en la base de datos del índice.
6. El índice retorna el mensaje de confirmación del proceso al proceso crearHCE quien a su vez se lo retorna al sistema de información clínico para informar al médico acerca del estado de la transacción.

Figura40. Diagrama de secuencia – Crear Historias

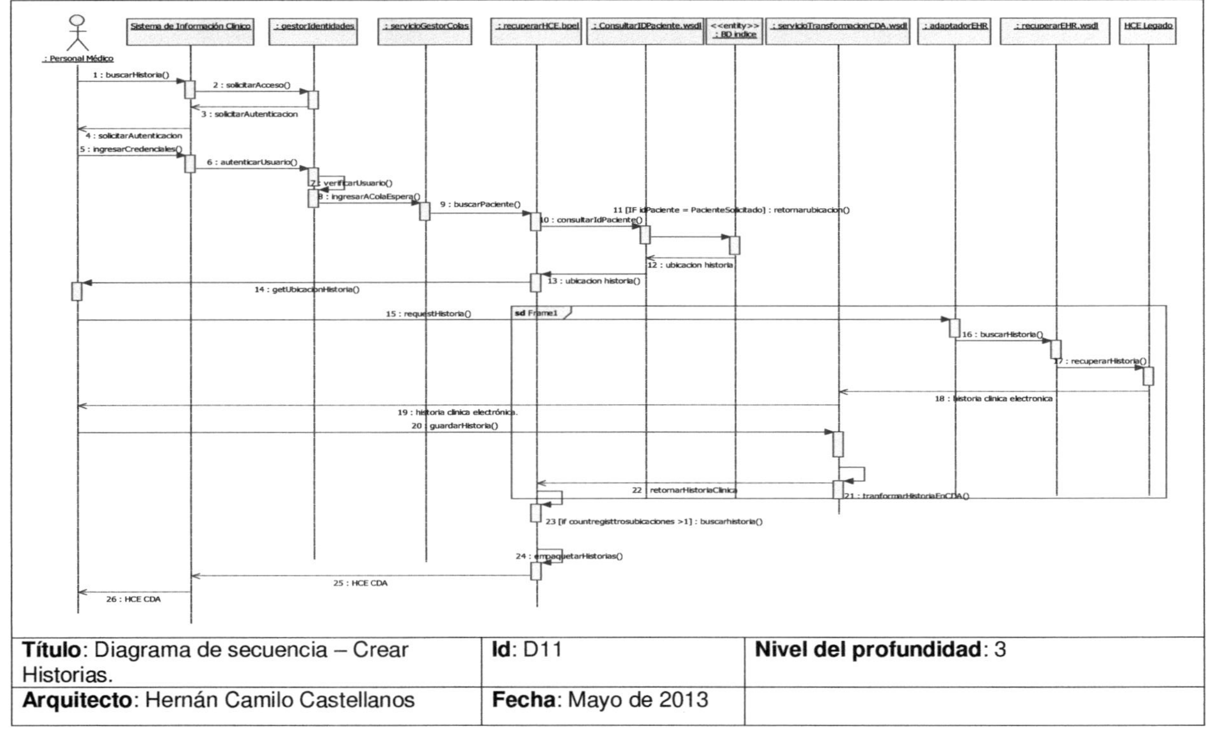

Título: Diagrama de secuencia – Crear Historias.	**Id**: D11	**Nivel del profundidad**: 3
Arquitecto: Hernán Camilo Castellanos	**Fecha**: Mayo de 2013	

Descripción de actores y objetos

- **Sistema de Información clínico:** Este sistema de información puede ser cualquiera de los sistemas de información que actualmente están operando en las instituciones prestadoras de servicios salud y que necesariamente maneja historias clínicas electrónicas. Vale la pena indicar que la tecnología con la que está construido el sistema es desconocida.

- **Índice:** El índice es un repositorio de información sobre una base de datos relacional que administra las ubicaciones de la historia clínica, los médicos autorizados para consultarlo, hospitales y sistemas de información que hacen parte de la plataforma de interoperabilidad.

- **Gestor de Identidades:** El servidor de identidades provee mecanismos de autenticación y salvaguarda de la plataforma de interoperabilidad, entre las funcionalidades que deben usarse son la autenticación de usuarios y la detección de usuarios ilegítimos.

- **Gestor de Colas:** Este servicio permite gestionar el ingreso y despacho de mensajería en la plataforma de interoperabilidad.

- **Proceso recuperarHCE:** El proceso de recuperación de la historia clínica coordina los componentes de software encargados de recuperar la historia clínica desde un hospital A hacia un hospital B.

- **Servicio ConsultarPaciente:** Este servicio permite buscar la ubicación lógica de una historia clínica en el índice de historias clínicas.

- **Bd índice:** El índice de historias clínicas almacena de forma permanente la ubicación lógica de las historias clínicas de todos los pacientes del país.

- **Servicio tranformacionCDA:** Este servicio implementa lógica de negocio que permite convertir una historia clínica recuperada de un sistema de información en un documento HL7 CDA.

- **adaptadorHCE:** Este adaptador les permite a sistemas de información HCE comunicarse con la plataforma de interoperabilidad y viceversa.

- **Servicio recuperar EHR:** Este servicio permite gestionar los datos de los sistemas de información HCE legados.

- **Sistema de información HCE legado:** Este componente representa cada uno de los sistemas de información que tienen los hospitales para administrar la información de la historia clínica.

Flujo de eventos

1. El médico ejecuta la operación de buscar historia clínica en el sistema de información de su hospital.
2. El sistema de información solicita acceso al servicio de gestión de identidades.
3. El gestor de identidades solicita acceso a la plataforma de interoperabilidad por parte del usuario.
4. El usuario se autentica con sus credenciales y otros mecanismos dispuestos en la plataforma como una llave privada.
5. Si la autenticación es correcta, el mensaje llega al componente que gestiona las colas de mensajes que a su vez re-direcciona la petición al proceso recuperarHCE.
6. El proceso recuperarHCE recibe la petición junto con el número de documento a buscar y envía el mensaje cosultarPaciente(Idpaciente) al servicio ConsultarIDPaciente.
7. El servicio consultarIdPaciente hace la búsqueda en el índice y retorna la ubicación (el) de la historia al médico.
8. El médico accede a la Url de la historia y puede visualizar la historia correspondiente.
9. Si el médico desea guardar la historia en el sistema de información clínico de manera permanente en su sistema local, elige dicha opción.
10. En este caso se envía la historia clínica al servicio de transformación de historias clínicas quien convierte la historia clínica en un documento Hl7 CDA cuyo formato es XML. En caso de que la historia clínica esté albergada en más de una ubicación, se procederá a realizar el mismo proceso de conversión del documento al formato especificado.
11. Posteriormente el proceso recuperarHCE transmite los datos al sistema de información clínico.
12. El medico consulta la historia clínica recuperada de manera local.

3.6.2 Punto de vista de despliegue. La vista de despliegue de la plataforma de interoperabilidad permite visualizar los componentes de software que harán parte del funcionamiento del sistema, así como también la infraestructura SOA y el hardware requerido para su puesta en marcha.

Cabe aclarar que la suite propuesta para el desarrollo y despliegue del proyecto es Wso2, una tecnología para la construcción de aplicaciones orientadas a servicios totalmente libre, que cuenta con las funcionalidades de Bus de Servicios Empresariales ESB, servidor de aplicaciones, servidor de procesos de negocio, servidor de procesos de acceso a datos, y servidor de identidades, necesarias para la construcción del proyecto.

El sistema de gestión de base de datos SGBD sobre el cual será implementada la base de datos es Oracle 10g Enterprise Edition, se ha tomado esta elección teniendo en cuenta atributos de calidad como la robustez y seguridad que brinda este gestor, necesarias para administrar la información de este especial core de negocio.

En cuanto a la aplicación para la creación y gestión de las historias clínicas, se propone la construcción de la lógica de negocio con Java bajo la especificación empresarial, ya que es totalmente compatible con la suite Wso2 e integra todas las herramientas para el desarrollo de la lógica, la transformación, mensajería y transporte de datos entre los diferentes sistemas de información clínicos legados.
Adicionalmente, se recomienda que el despliegue de la infraestructura de lógica, datos, servicios y presentación se haga sobre servidores cuyo sistema operativo sea Linux, en sus versiones Ubuntu para los servidores Wso2 y Linux Oracle Enterprise para el sistema SGBD. Estos sistemas operativos son recomendados por los fabricantes de las tecnologías en mención.

3.6.2.1 Modelo de despliegue

Figura 41. Modelo de despliegue arquitectura central

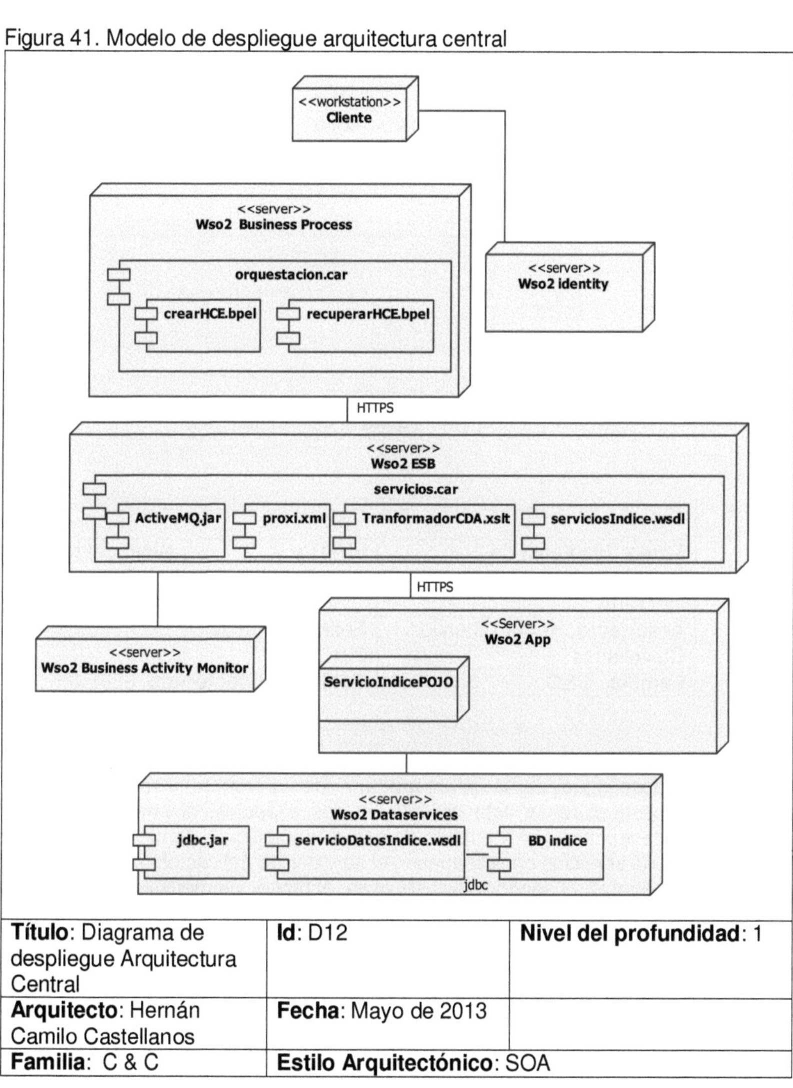

Título: Diagrama de despliegue Arquitectura Central	**Id**: D12	**Nivel del profundidad**: 1
Arquitecto: Hernán Camilo Castellanos	**Fecha**: Mayo de 2013	
Familia: C & C	**Estilo Arquitectónico**: SOA	

Figura 42. Modelo de despliegue arquitectura federada

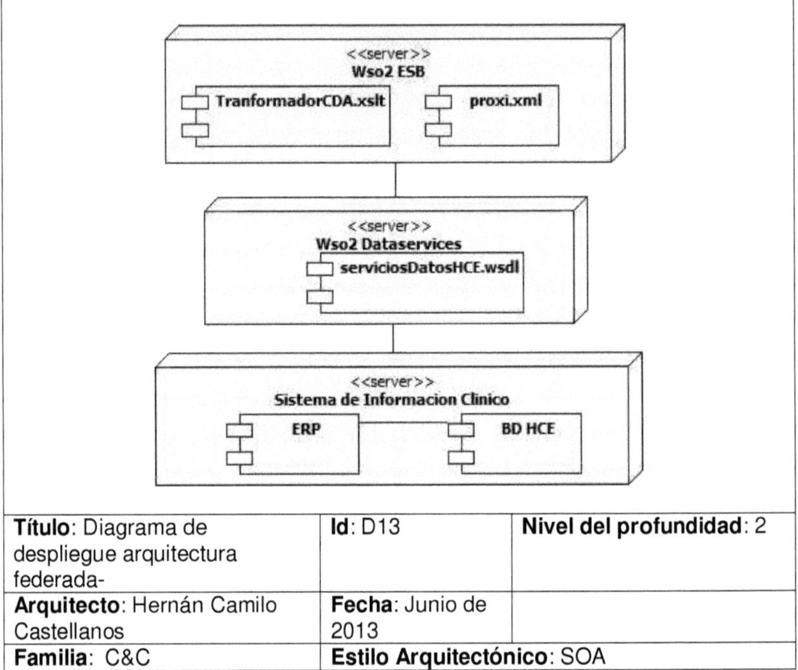

Título: Diagrama de despliegue arquitectura federada-	**Id**: D13	**Nivel del profundidad**: 2
Arquitecto: Hernán Camilo Castellanos	**Fecha**: Junio de 2013	
Familia: C&C	**Estilo Arquitectónico**: SOA	

3.6.2.2 Modelo de red. A continuación, se esboza la propuesta de arquitectura para el despliegue de la infraestructura de interoperabilidad. Esta arquitectura de infraestructura se está dividida en dos espacios, el primero corresponde a una infraestructura IAAS pública de alta disponibilidad, donde estarían desplegados el bus de servicios empresariales, el servidor de aplicaciones, el servidor de procesos de negocio, el servidor Dataservices, el broker de mensajería y el servidor de base de datos para el índice de historias clínicas.

En la arquitectura centralizada, se dispone de mecanismo de replicación y respaldo por medio de mecanismo de redundancia activa y pasiva.

Por otro lado, se tiene una arquitectura federada, la cual se debe implantar en cada una de las instituciones prestadoras de servicios de salud que haga parte de la plataforma de interoperabilidad.

Esta arquitectura federada contiene un bus de servicio empresariales que hará disponibles los servicios de recuperación de HCE, el servidor de servicio de datos (Dataservices) y pos supuesto el servidor de bases de datos donde se almacenan las historias clínicas. Todos estos servidores están salvaguardados por un firewall que proporciona mecanismos de seguridad y un router que enruta y optimiza las comunicaciones con la plataforma de interoperabilidad.

Figura 43. Modelo de red

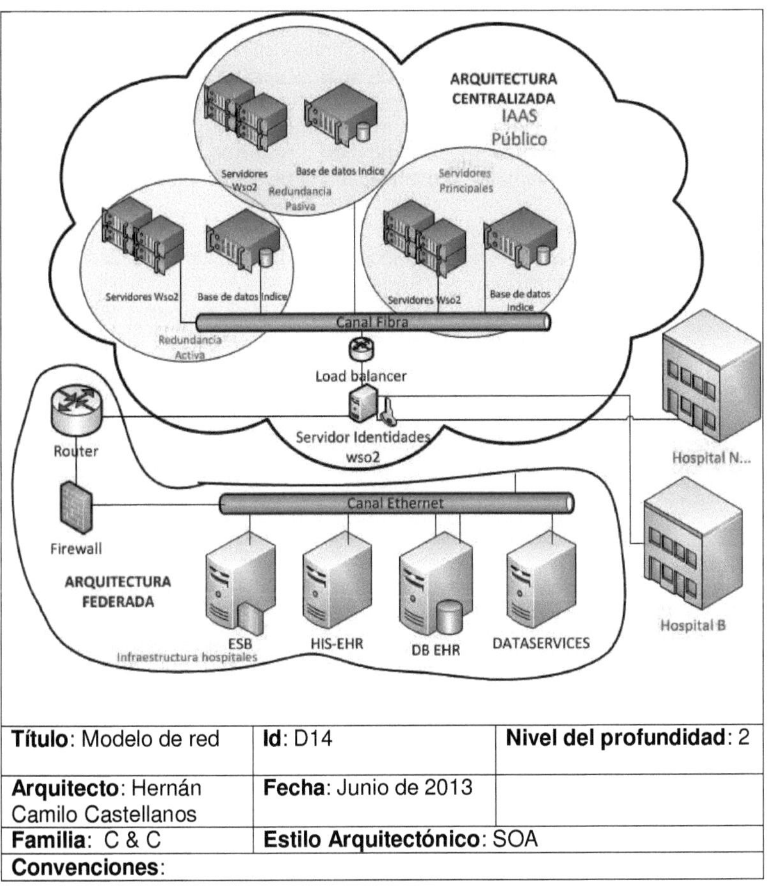

Título: Modelo de red	**Id**: D14	**Nivel del profundidad**: 2
Arquitecto: Hernán Camilo Castellanos	**Fecha**: Junio de 2013	
Familia: C & C	**Estilo Arquitectónico**: SOA	
Convenciones:		

3.6.2.3 Arquitectura de seguridad propuesta: La seguridad es uno de los drivers más importantes del negocio, puesto que la historia clínica es un documento de alta confidencialidad y de validez probatoria, de tal manera que la red de interoperabilidad entre los hospitales debe contar con mecanismos de protección de máxima seguridad. La propuesta para la operación de la red de interoperabilidad se compone de los siguientes componentes:

- **Red privada Virtual VPN:** Se debe construir una red privada virtual a la cual solo tengan acceso los servidores ESB, Dataservices, Business process y application server de cada IPS. A cada servidor se le asigna una IP privada en un rango de direcciones cerrado para evitar que un usuario legítimo pueda hacer uso de una IP en un momento determinado.
- **Servidor de Identidades:** El servidor de identidades gestiona los permisos de acceso con mecanismos de autenticación con llaves públicas y privadas, que aseguran que solo existe acceso a la plataforma para los médicos que tengan una llave asignada. Otro mecanismo provisto por dicho servidor es el uso de tokens como mecanismo de permisos para ejecutar transacciones. Adicionalmente cada transacción debe ir encriptada para evitar problemas con sniffers.
- **Router:** Permite ofrecer conectividad a la red de interoperabilidad exclusivamente a los equipos que tengan asignada una dirección IP dentro del rango permitido.
- **Firewall:** Controla el paso de código maligno que pueda convertirse en una amenaza para la red.

Figura 44. Arquitectura de seguridad

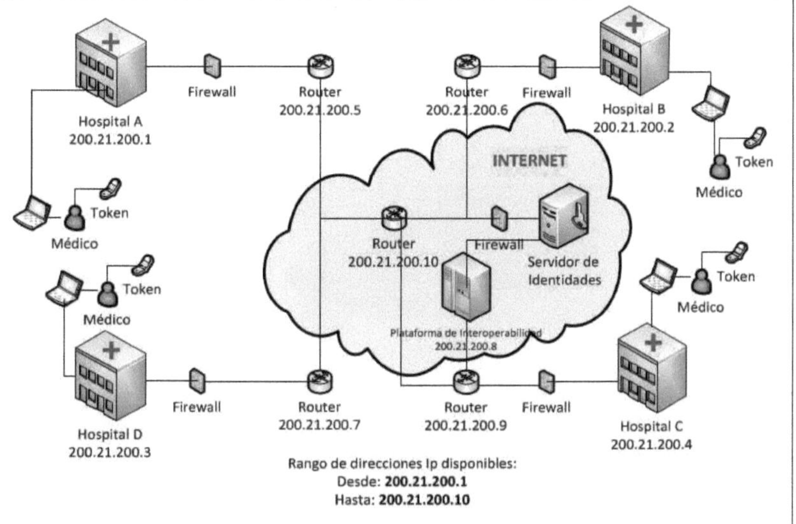

Título: Arquitectura de seguridad.	**Id**: D15	**Nivel del profundidad**: 2
Arquitecto: Hernán Camilo Castellanos	**Fecha**: Junio de 2013	
Familia: C & C	**Estilo Arquitectónico**: SOA	

3.6.3 Punto de vista de información.

3.6.3.1 Modelo de entidades de índice de historias clínicas. El modelo de diseño de entidades del sistema de administración del índice de historias clínicas electrónicas permite la gestión de los siguientes aspectos:

- Registrar los médicos que tienen acceso a las operaciones de creación y recuperación de historias clínicas.
- Registrar los hospitales que hacen uso de la plataforma de interoperabilidad.
- Registrar los log de seguridad de los usuarios, equipos, lugares que recuperan o crean historias en el índice.
- Generar estadísticas de la información del índice por ubicaciones, hospitales, médicos y pacientes.

Figura 45. Modelo de diseño Índice

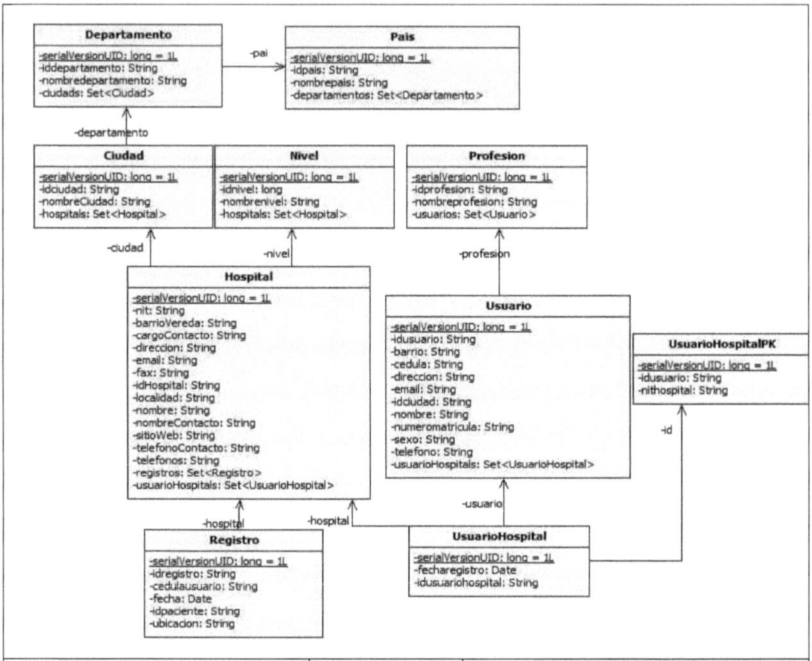

Título: Modelo de diseño Índice.	**Id**: D16	**Nivel del profundidad**: 3
Arquitecto: Hernán Camilo Castellanos	**Fecha**: Junio de 2013	

3.6.3.2 Modelo de datos del índice de historias clínicas

Figura 46. Modelo relacional - índice de historias clínicas

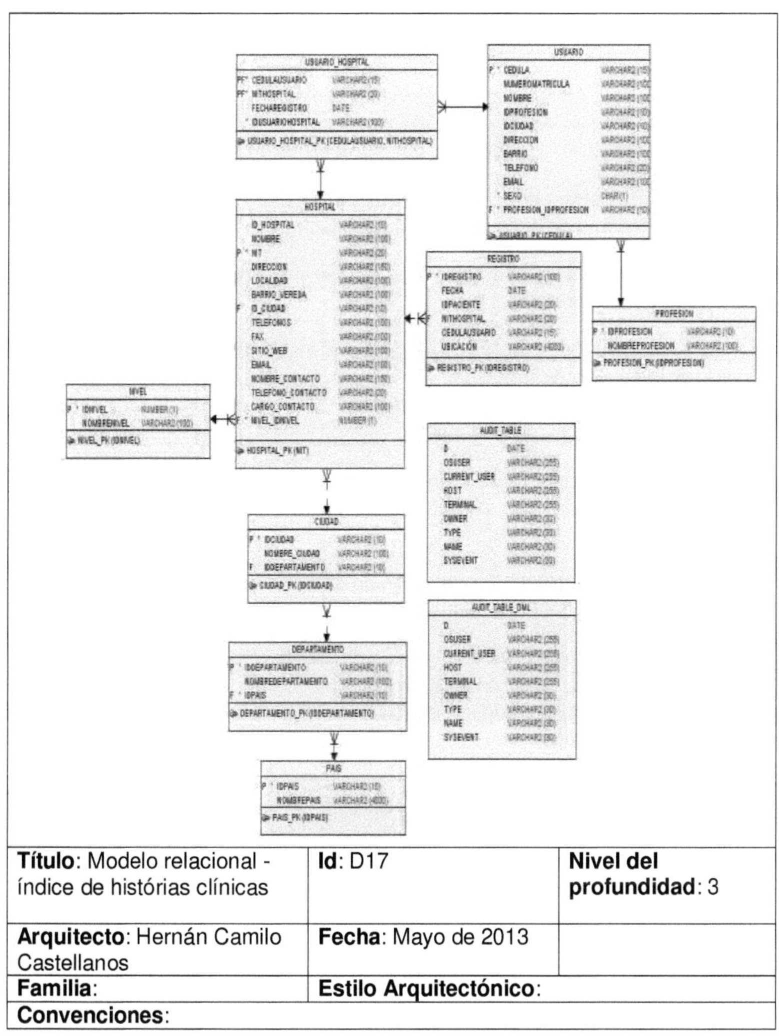

Título: Modelo relacional - índice de históricas clínicas	**Id**: D17	**Nivel del profundidad**: 3
Arquitecto: Hernán Camilo Castellanos	**Fecha**: Mayo de 2013	
Familia:	**Estilo Arquitectónico**:	
Convenciones:		

País: Registra cada uno de los países que se conectan con la plataforma de interoperabilidad.

Departamento: Registra los departamentos o estados de un país.

Ciudad: Permite registrar cada una de las ciudades de Colombia y otros países.

Hospital: Almacena la información relevante para la solución del problema de interoperabilidad respecto de todos los prestadores de servicios de salud que están conectados a la plataforma de interoperabilidad.

Nivel: Corresponde a clasificación que tiene cada una de las instituciones prestadoras de servicios de salud de Colombia IPS, estas pueden ser nivel 1, 2 ó 3.

Profesión: Registra cada una de las profesiones que puede tener el personal médico de una IPS.

Registro: Esta tabla es una de las más importantes de la plataforma, ya que alberga la ubicación de la historia clínica del paciente, el hospital, el id del médico que la creó, la fecha, y la ubicación lógica (URL) de la historia clínica que es el punto de acceso para su recuperación.

Usuario: Esta entidad permite registrar los médicos que están autorizados por una IPS vinculada a la plataforma de interoperabilidad para crear y recuperar una historia clínica electrónica.

Usuario hospital: Teniendo en cuenta que un médico puede laborar para más de una IPS, se debe crear un registro para cada vinculación que haya entre un médico e IPS.

Audit_table: Esta entidad registra un log de auditoria con los cambios a nivel estructural que pueda sufrir la base de datos para que sirva como evidencia y punto de recuperación.

Audit_table_dml: Esta entidad permite registrar en un log de auditoria los cambios en los datos del índice, el usuario que los realizó, la fecha, desde que equipo y la ubicación del mismo.

3.6.3.3 Modelo de entidades de la historia Clínica Electrónica basada en HL7 RIM – CDA. El siguiente diagrama representa el modelo de persistencia de la historia clínica electrónica haciendo uso del estándar Hl7 CDA, permite guardar la información relevante en una historia clínica de tal manera que a partir de ella se puedan construir documentos CDA o a partir de documentos CDA se pueda mapear a un modelo tipo relacional.

Figura 47. Diagrama de clases

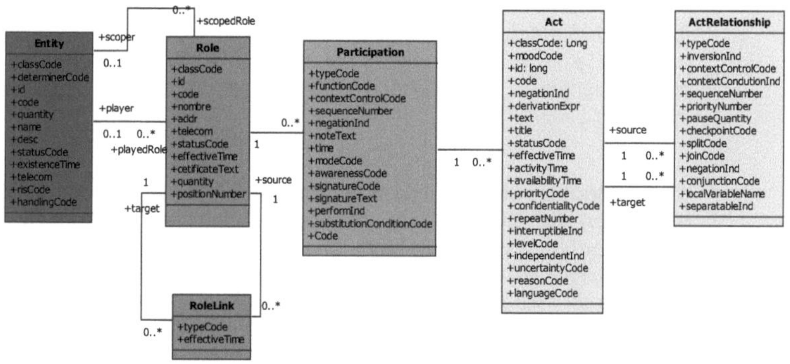

Título: Diagrama de clases	**Id**: D18	**Nivel del profundidad**: 3
Arquitecto: Hernán Camilo Castellanos	**Fecha**: Mayo de 2013	
Familia:	**Estilo Arquitectónico**:	
Convenciones:		

A continuación, se describe cada una de las entidades participantes en el modelo:

Entidad: Una entidad representa un objeto, o grupo de objetos, capaz de participar en una actuación. Puede ser un objeto real: persona, organización, dispositivo, substancia, punto de actuación, también puede ser un objeto virtual: diagnóstico, regla de negocio, clasificador.

Rol: Un rol representa una responsabilidad, una posición, o el papel que juega una entidad con respecto a su participación en una serie de actuaciones.

Rol Relacionado: Asociación definida entre dos Roles.

Participante: Representa la involucración de un rol en una actuación, por ejemplo, al paciente Juan Pérez se le practicó un procedimiento quirúrgico.

Actuación: Corresponde a cada uno de los eventos que han sucedido, está sucediendo o puede suceder en un futuro. Una actuación puede reunir varios roles participantes

Las actuaciones pueden tratarse de una Derivación, Transporte, Suministro, Procedimiento, Condición, Consentimiento, Observación, Medicación, Acto clínico, Acto económico que sean ejecutadas en una organización por un participante.

Actuación Relacionada: Asociación definida entre dos Actuaciones. Por medio de esta clase se pueden representar escenarios como observaciones detalladas, procedimientos complejos, o actos clínicos que requieran relacionar más de una actuación.

3.6.3.4 Modelo relacional para la persistencia de la historia clínica electrónica basado en HL7 CDA. Para el desarrollo del siguiente modelo se tuvo en cuenta la guía desarrollada por Abdul-Malik Shakir[41] quien presenta un método para mapear el modelo HL7 RIM a una base de datos relacional. Este autor propone desarrollar una seria de etapas con el fin de ir depurando el modelo, a continuación, se listan las etapas involucradas en el proceso:

- Seleccionar un subconjunto de elementos del modelo RIM.
- Resolver anomalías de herencia.
- Especializar los tipos de datos de los atributos.
- Resolver los tipos de datos de las colecciones.
- Resolver los tipos de datos complejos.
- Transformar las Clases en Tablas.
- Definir reglas de integridad de los datos.
- Asignar restricciones.
- Optimizar el modelo de diseño de la base de datos.
- Generar Lenguaje de definición de la Base de Datos DDL.
- Documentar salidas del RIM.

A partir de la puesta en práctica del algoritmo anteriormente presentado, se logró generar un modelo relacional lo suficientemente consistente, completo y mapeable para la creación de documentos HL7 CDA, como se indica en la figura 47.

---

[41] SHAKIR, Abdul – Malik. Reference Informaion Model-Based Relational Database Design. Vancouver: Hl7 International. [en línea]. 2008. Disponible en: <http://www.slideshare.net/AShakir/rim-based-relational-database-design-tutorial-september-2008>

Figura 48. Modelo relacional EHR basado en HL7 CDA

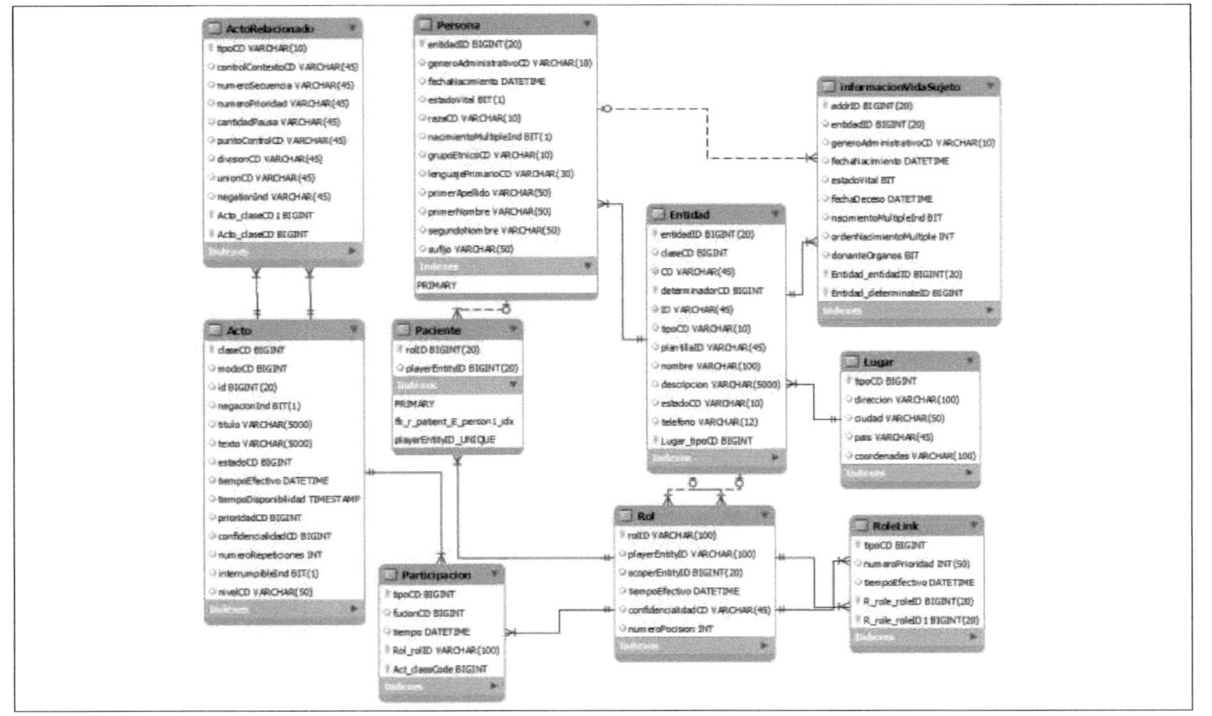

Título: Modelo relacional EHR basado en HL7 CDA	**Id**: D19	**Nivel del profundidad**: 3
Arquitecto: Hernán Camilo Castellanos	**Fecha**: Junio de 2013	

3.6.4 Punto de vista de desarrollo

3.6.4.1 Modelo de dependencia tecnológica. En la figura 48 se presenta un modelo detallado en el que se presentan las diferentes capas arquitectónicas del software y cómo éstas se encuentran soportadas con las plataformas de aplicación, virtual, sistema, sistema operativo y hardware.

Descripción del diagrama

- **Cliente:** La capa cliente contiene la interfaz de comunicaciones entre el personal médico y los administradores del sistema con la plataforma de interoperabilidad. Particularmente con la aplicación índice, encargada de la indexación de las historias clínicas. Esta capa esta implementada con HTML, JavaScript y CSS, lo que le permite ejecutarse sobre navegadores google chrome e internet explorer sin problemas. Se recomienda usar Windows 7 como sistema operativo, ya que es el más conocido y el que más se ha popularizado en las IPS, esto reduce el traumatismo del cambio de tecnología informática al personal médico.

- **Procesos:** La capa de procesos permite orquestar la ejecución de los diferentes servicios y que provee la plataforma de interoperabilidad. Esta capa está construida con el lenguaje Business Process Execution Languaje BPEL, que es una de las tecnologías más importantes, pertinentes y compatibles con la suite SOA propuesta para la especificación de los procesos de negocio. Por temas de seguridad y rendimiento se recomienda que esta capa este desplegada sobre tecnología operativa Linux sobre una infraestructura cloud computing.

- **Broker:** La capa broker contiene los servicios de transformación de documentos clínicos, adaptadores y mediadores de la comunicación entre los sistemas de información clínicos existentes.

- **Negocio:** La capa de negocio contiene un API en Java desarrollada por la comunidad libre OpenHealt Tools[42] que permite crear, validar y transformar documentos clínicos basados en el estándar HL7.
Además, contiene los POJO y los EJB que encapsulan lógica para gestión de documentos clínicos.

---

[42] [en línea]. Open Health Tools Model-Driven Health Tools. Disponible en: <https://www.projects.openhealthtools.org/sf/projects/mdht/>

Figura 49. Modelo de dependencia tecnológica

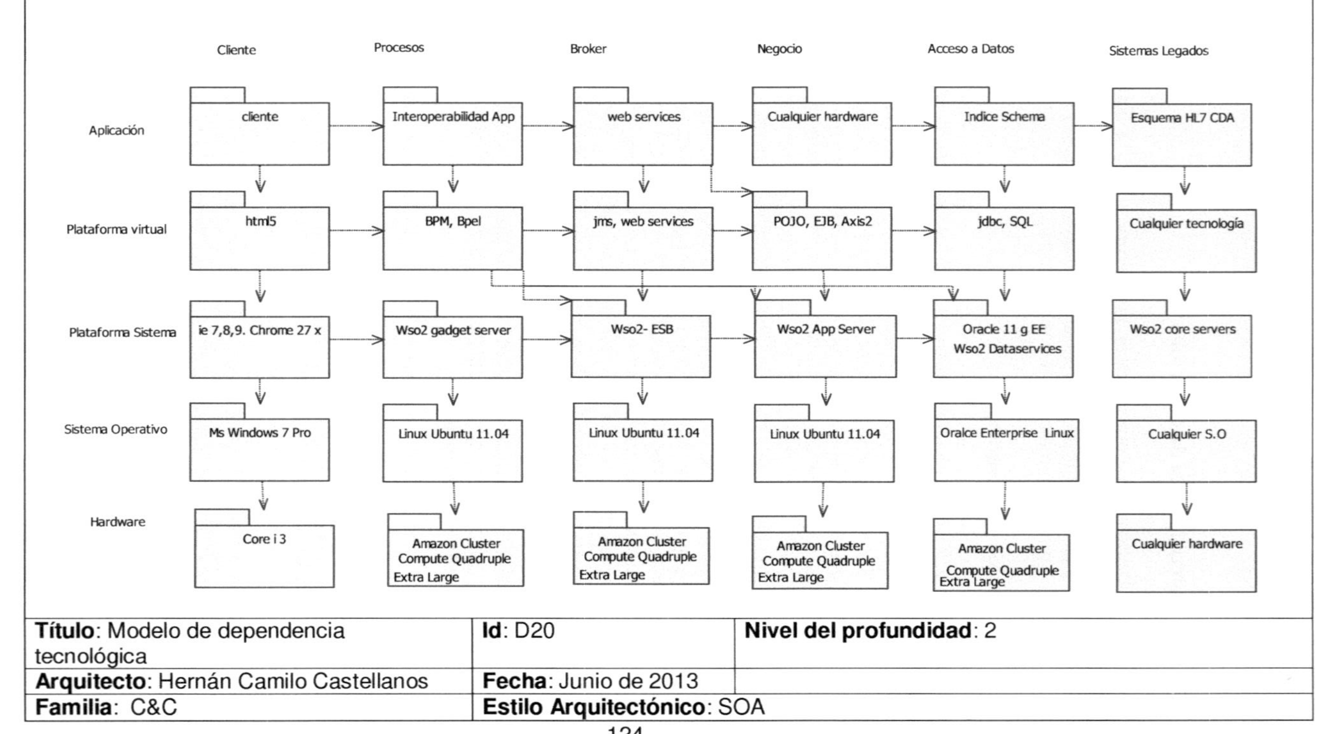

Título: Modelo de dependencia tecnológica	**Id**: D20	**Nivel del profundidad**: 2
Arquitecto: Hernán Camilo Castellanos	**Fecha**: Junio de 2013	
Familia: C&C	**Estilo Arquitectónico**: SOA	

- **Acceso a datos:** La capa de acceso de acceso a datos contiene las entidades persistentes del índice de historias clínicas electrónicas, esta implementado sobre el SGBD Oacle 11g que le brinda mencanismos de seguridad y fiabilidad a la plataforma.

- **Sistemas Legados:** En esta capa se encuentran los datos de las historias clínicas, los sistemas de información y pos supuesto la arquitectura de interoperabilidad federada basada en Wso2 y Hl7, necesaria para la interoperabilidad con la plataforma centralizada.

3.7 EVALUACIÓN Y EXPERIMENTACIÓN

3.7.1 Evaluación con el método The Architecture Tradeoff Analysis Method ATAM.

A continuación, se presenta el árbol de utilidad producto de la evolución y priorización de escenarios de calidad. Ver (Tabla Escenarios Vs tácticas). Las hojas del árbol están priorizadas en dos dimensiones que son la importancia para el éxito del sistema y el grado de dificultad para completas el escenario. Cada variable de Mide en una escala (High / Medium / Low) sonde se son prioritarios los escenarios (H, H).

Figura50. Árbol de utilidad ATAM

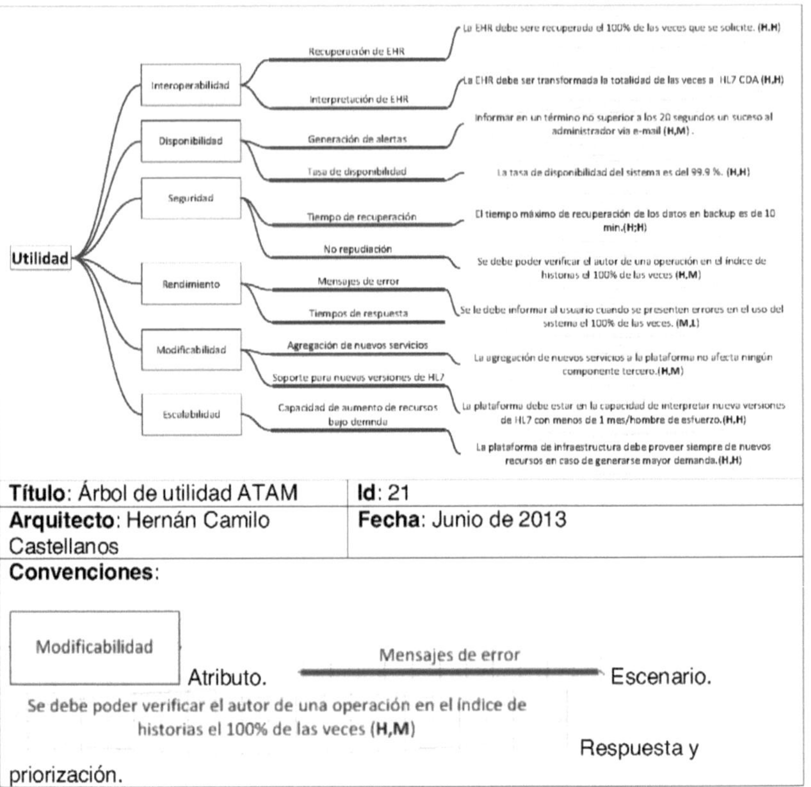

Título: Árbol de utilidad ATAM	**Id**: 21
Arquitecto: Hernán Camilo Castellanos	**Fecha**: Junio de 2013

Convenciones:

Atributo. Escenario. Respuesta y priorización.

3.7.2 Prototipo de Software.

El prototipo de software que se construyó para hacer el proceso de experimentación tiene como finalidad la realización de los procesos de creación y recuperación de historias clínicas electrónicas basadas en Hl7 CDA. A continuación, se describe para cada proceso los servicios ofrecidos, las tecnologías utilizadas y los resultados obtenidos.

Cuadro 28. Descripción del experimento- prototipo de software.

Objetivo: Desarrollar funcionalidades de creación y recuperación de historias clínicas electrónicas remotas.	Responsable: Hernán Camilo Castellanos Granados.		
Descripción del experimento: El experimento permitió construir una aplicación web que realiza las tareas de creación, búsqueda y recuperación de historias clínicas electrónicas de un sistema de información clínico perteneciente a la red de interoperabilidad. **Duración del experimento:** 28 días			
Recursos Humanos: • Arquitecto de Software • Desarrollador **Recursos de Hardware:** • Servidor Lenovo C545. • Estación de trabajo Dell Vostro. • Router.			
Resultados			
Proceso	**Servicios**	**Tecnologías**	**Resultados**
Crear Historias Clínicas.	**InsertarRegistro.wsdl**: Este servicio le permite a cualquier sistema de información clínico que lo consuma, guardar los datos clave para la ubicación de una EHR.	**Webservice**: XML-Java-Wso2, SOAP . **Base de datos**: Oracle **Cliente**: Java, Html, Oracle Application Express	Crea Hospitales, médicos, ubicaciones geográficas, índice de historias, gestiona la seguridad. Genera estadísticas del índice por hospital, médico, paciente. Crea historias clínicas en formato XML HL7 CDA

<table>
<tr>
<td>Recuperar historias clínicas</td>
<td>ConsultarIdPaciente.wsdl: Permite consultar una historia clínica en el índice de historias.

RecuperarEHR.wsdl: Permite recuperar una historia clínica de un sistema de información clínico remoto conectado a la plataforma de interoperabilidad.</td>
<td>Webservice: XML-Java-Wso2, SOAP
.
Base de datos: MySQL-XML.

Cliente: Html, Oracle Application Express- Java.</td>
<td>Busca historias clínicas en el índice a partir del número de identificación del usuario.

Recupera historias clínicas de BD relacionales y archivos XML a partir la URL.</td>
</tr>
<tr>
<td colspan="4">Recomendaciones: Para construir una versión funcional del prototipo de software, se debe tener en cuenta el desarrollo de las fases de requerimientos y análisis y diseño. Como se evidencia en el documento de arquitectura de software, los servicios y las aplicaciones de la plataforma de interoperabilidad deben estar desplegados en una arquitectura de alta disponibilidad. En cuanto a seguridad se propone integrar al proyecto tecnología Token Ring para evitar fraudes.</td>
</tr>
</table>

4. DISCUSIÓN

4.1 COMPARACIÓN DE LOS RESULTADOS CON LA REVISIÓN DE LA LITERATURA

Respecto de otros trabajos desarrollados en Colombia, a continuación, se presentan algunas comparaciones importantes:

Cuadro 29. Comparación de los resultados con la revisión de la literatura

Trabajo	Autores	Comparativo con la tesis
A reference architecture for sharing CDA documents in Colombia	CRUZ, Edgar de Lopez; BLOBEL, Diego M. A[43]	A pesar de utilizar la misma tecnología y estándares, la tesis que se presenta contiene en detalle la caracterización de los componentes y servicios sobre los cuales se debe construir la plataforma de interoperabilidad.
A reference architecture for Integrated EHR in Colombia	DE LA CRUZ, E., et al.[44]	El artículo desarrollado en el eHealth Competence Center Regensburg, Germany, no presenta todos los puntos de vista de una arquitectura de software, así como la fase de evaluación que verifique que a la arquitectura se la correcta. En eso se pudo avanzar en esta tesis que tomo dicho proyecto como punto de referencia.

4.2 APORTES DEL PROYECTO

Los aportes que el proyecto propuesto en el libro, se presentan por cada uno de los stakeholders, Teniendo en cuenta los intereses particulares de cada uno de ellos. A continuación, son descritos en el siguiente cuadro:

Cuadro 30. Aportes del proyecto

INTERESADOS	APORTES

[43] CRUZ, Edgar de Lopez; BLOBEL, Diego M. A Reference Architecture for Sharing CDA Documents in Colombia Correspondence to : 2012. vol. 8.p. 11-17.

[44] DE LA CRUZ, E., et al. A reference architecture for integrated EHR in Colombia. [en línea]. En: Studies In Health Technology And Informatics. 2011. vol. 169, p. 305–309. Disponible en: <http://www.scopus.com/inward/record.url?eid=2-s2.0-83055187684&partnerID=40&md5=12144726def3374c2602cd5a7fd6319d>

Pacientes	Una propuesta de implementación que puede ayudar en el mejoramiento en la prestación de los servicios de salud.
Universidad Autónoma de Bucaramanga, Grupo prisma.	Desarrollo de un proyecto de arquitectura de software para su posible implementación y puesta en operación en instituciones de salud asociadas.
Ministerio de Tecnologías de la Información y protección Social	Aporte en el desarrollo de la Telesalud en Colombia con un proyecto que documenta una solución de arquitectura para interoperabilidad. (Ley 1419)
Entidades Prestadoras de Servicios de Salud	Una arquitectura para el desarrollo de adaptadores que les permita intercambiar datos clínicos con otras instituciones pares.
Autores del Proyecto.	Conocimiento de una nueva línea de investigación para trabajos y desarrollo de nuevas investigaciones.

4.3 LIMITACIONES

A pesar de que se ha realizado una labor de revisión, arquitectura y diseño rigurosos, apelando al uso de estándares intencionales tanto a nivel de medicina como a nivel de ingeniería del software, el proyecto presenta limitaciones como un efecto natural de cualquier investigación. A continuación, se realiza una declaración de las limitaciones del proyecto, teniendo en cuenta el factor de la limitación, el alcance y la influencia de los resultados.

Cuadro 31. Limitaciones

Factor incontrolable	¿Por qué no puede ser controlado?	¿Cómo el factor afecta los resultados?
Se aplicaron estándares que no están validados por los organismos de control de la salud en Colombia.	El Ministerio de salud y protección social no ha definido los estándares para la interoperabilidad de la historia clínica electrónica.	La propuesta de arquitectura puede cambiar si la regulación en salud a futuro define estándares diferentes a los usados en el proyecto.
Desarrollo de prototipo parcial.	El desarrollo de un prototipo funcional requiere de un grupo de trabajo interdisciplinario. Médicos, expertos en hl7, ingenieros de software y arquitectos de software.	No se presenta el prototipo con todos los escenarios de calidad resueltos.
El despliegue del prototipo se realizó local.	No se logró gestionar un arrendamiento de servidores en la nube para desplegar el prototipo funcional.	No hay acceso remoto para los stakeholders del proyecto.
La evaluación de la arquitectura con ATAM contó con la participación exclusiva del autor del proyecto.	La evaluación de la arquitectura no contemplaba la organización de un equipo de trabajo para evaluar la arquitectura.	ATAM sugiere tener un equipo de trabajo compuesto por los roles de líder del proyecto, líder de evaluación, escritor de escenarios, escritor de procedimientos y alguien que haga preguntas.

5. CONCLUSIONES

Es de gran importancia para el país que se definan los estándares sobre los cuales debe interoperar la historia clínica electrónica. El documento presenta un estado del arte que puede servir para las organizaciones públicas y privadas que trabajen en sector salud conozcan las posibilidades existentes para la implementación de la interoperabilidad de la historia clínica electrónica, también al ministerio de salud le sería de interés conocer esta parte del trabajo puesto que en Colombia dichos estándares no han sido regulados. Para la revisión se tuvieron en cuenta 32 fuentes bibliográficas de alta pertinencia y calidad que permitieron realizar una caracterización de los avances en el tema de interoperabilidad de historia clínica en Colombia y otros países.

Se desarrolló una arquitectura de software respetando las directrices del instituto de ingeniería de software, esta contiene los drivers de arquitectura y los requerimientos de alto nivel a partir del análisis de las necesidades del negocio, vistas y modelos necesarios para su implementación.

La arquitectura presentada puede servir como punto de partida para la construcción de una solución de interoperabilidad en Colombia. Sin embargo, el desarrollo de un producto que pueda ponerse en práctica requiere de la ejecución las demás fases del ciclo de vida como son realizar un proceso de ingeniería de requerimientos con todos los actores que están vinculados al sector de salud, también el desarrollo de una fase de análisis y diseño que permita tener a mayor granularidad las especificaciones de los componentes de software y pos supuesto implementaciones que solucionen requerimientos funcionales específicos.

Se presenta una evaluación de la arquitectura de software bajo la metodología ATAM que permitió identificar riesgos, puntos de sensibilidad y priorizar los escenarios de calidad, Se concluye que la implementación de la arquitectura propuesta es alcanzable, ya que está basada en lenguajes, patrones arquitectónicos y tecnologías ampliamente aceptados en la industria, así como también tiene en cuenta estándares médicos de alta difusión como HL7 CDA.

Se construyó un prototipo de arquitectura que implementa algunas de las funcionalidades expuestas en la plataforma, y que sirven de punto de partida para realizar un proceso de implementación completo. Este resultado permitió comprobar que la arquitectura orientada a servicios es pertinente para resolver el problema, permitiendo comunicar sistemas heterogéneos y legados con un grado menor de complejidad que otras propuestas disponibles en el mercado.

6. TRABAJO FUTURO

Como trabajo futuro se propone el desarrollo una arquitectura global que incorpore la totalidad de las funcionalidades un sistema de información en salud HIS, Laboratorio clínico LIS, Imágenes radiológicas RIS, Sistemas de información de medicamentos y sistemas de almacenamiento y transmisión de imágenes PACS. Se sugiere la aplicación de vocabularios médicos como LOINC; SNOMED y CIE-10.

Se amerita desarrollar un trabajo que permita de forma automática persistir un documento CDA sobre una base de datos relacional y viceversa, Se recomienda realizar una evaluación al framework libre para la construcción y validación de historias clínicas electrónicas basadas en HL7 que se denomina Open Healt Tools, dicho framework permite reutilizar de clases y componentes de software para construir sistemas de información para la gestión de historias clínicas electrónicas.

Se sugiere desarrollar un proyecto que tenga por objetivos la ejecución de las fases de requerimientos, análisis y diseño, implementación y pruebas para lograr la construcción de una plataforma funcional.

Se sugiere poner en funcionamiento el prototipo en la nube para que se puedan hacer pruebas con sistemas de información de historia clínica electrónica reales para verificar la funcionalidad de la plataforma.

Es fundamental el desarrollo de guías de implementación de arquitecturas de documentos clínicos CDA bajo diferentes dominios de la historia clínica a fin de que los desarrollores de los HIS puedan realizar sus implementaciones de software ajustadas a su necesidad.

BIBLIOGRAFÍA

BASS, Len; CLEMENTS, Paul y KAZMAN, Rick. Software architecture in practice. 3 ed. Upper Saddle River: Addison-Wesley. 2013.

BIEBERSTEIN, Norbert; LAIRD, Robert G. y TILAK MITRA, Keith Jones. Executing SOA: A Practical Guide for the Service-Oriented Architect. En: International Business Machines Corporation. Boston: Education, 2008. 240 p.

BIRON, Paul V, et al. Clinical Document Architecture, Release 2. [en línea]. 2004. Disponible en: <http://xml.coverpages.org/CDA-20040830v3.pdf>

BLOBEL, B. G. M. E., y PHAROW, P. Analysis and evaluation of EHR approaches, 2008. vol. 136, p 359-364. Disponible en: <http://www.scopus.com/inward/record.url?eid=2-s2.0-44349171237&partnerID=40&md5=ed25add3fa2a616e57b4a3a0374cd0ad>

BLOBEL, B. EHR architectures - comparison and trends. [en línea]. En: Studies in health technology and informatics. 2008. vol. 134. p 59–73. Disponible en: <http://www.ncbi.nlm.nih.gov/pubmed/18376034>

BRZEZIŃ ANDSKI, J.; CZAJKA, S.; KOBUSIŃ ANDSKI, J. y PIERNIK, M. Healthcare Integration Platform. doi:10.1109/ISMICT.2011.5759795. 2011. p. 52 - 55.

COLOMBIA. CONGRESO DE LA REPUBLICA. Ley 1419 (2010). Disponible en: <http://www.secretariasenado.gov.co/senado/basedoc/ley/2010/ley_1419_2010.html>

________. ________. Ley 1438 (2011). Disponible en: <http://www.secretariasenado.gov.co/senado/basedoc/ley/2011/ley_1438_2011.html>

________. MINISTERIO DE TECNOLOGIAS DE LA INFORMACIÓN Y LAS COMUNICACIONES. GEL-XML, Lenguaje estándar de intercambio de información: evaluación de estándares internacionales. [en línea]. 2008. Disponible en:

<http://programa.gobiernoenlinea.gov.co/apc-aa-files/5854534aee4eee4102f0bd5ca294791f/GEL_MV_RG_005_Proceso_Mantenimiento_Evolucion_V1.3.pdf>

CRUZ, Edgar de Lopez; BLOBEL, Diego M. A Reference Architecture for Sharing CDA Documents in Colombia Correspondence to : 2012. vol. 8.p. 11-17.

DE LA CRUZ, E., et al. A reference architecture for integrated EHR in Colombia. [en línea]. En: Studies In Health Technology And Informatics. 2011. vol. 169, p. 305–309. Disponible en: <http://www.scopus.com/inward/record.url?eid=2-s2.0-83055187684&partnerID=40&md5=12144726def3374c2602cd5a7fd6319d>

DUQUE, Hector. Salud Electrónica- Estandarización. [en línea]. Bogotá, D.C. 2012. Disponible en: <http://vivedigital.gov.co/idi/wp-content/uploads/2012/09/Presentacion-Hector-Minsalud.pdf>

EL PAÍS. Cali.12, marzo, 2010. [Periódico en línea]. Colprensa. Aumentan demandas por errores médicos. Disponible en: <http://historico.elpais.com.co/paisonline/calionline/notas/Marzo122010/1medicos.html>

GOBERNACIÓN DE SANTANDER. Plan Departamental de desarrollo de Santander 2012-2015 [en línea]. 2012. Disponible en: <http://www.asambleadesantander.gov.co/Doc/Foro/pddsantander.pdf>

HOVENGA, E J S y GARDE, S. Electronic health records, semantic interoperability and politics. [en línea]. En: Electronic Journal of Health Informatics, 2010. vol. 5 (1). Disponible en: <http://www.scopus.com/inward/record.url?eid=2-s2.0-79955381445&partnerID=40&md5=faba69a8653f6916553c3ef1b8814b65>

HL7 International. HL7 V 3 Standard. [en línea]. 2011. Disponible en: <http://www.hl7.org/v3ballotarchive/v3ballot2012may/html/index.htm>

INTERNACIONAL ORGANIZATION FOR STANDARIZATION. Health informatics -- Electronic health record -- Definition, scope and context. ISO/TR 20514:2005. [en línea]. 2005. 27 p. December 20, 2012, Disponible en:

<http://www.iso.org/iso/home/store/catalogue_tc/catalogue_detail.htm?csnumber=39525>

LOPEZ DAVID, Villegas Antonio. *Transformación de modelos del estándar de salud {HL7} a {UML/OCL}*. [en línea]. Universitat Politècnica de Catalunya {(UPC)}, Barcelona. 2011. Disponible en: <http://upcommons.upc.edu/pfc/bitstream/2099.1/12477/1/73562.pdf>

MCDONALD, C. J., et al. LOINC, a universal standard for identifying laboratory observations: A 5-year update. [en línea]. En: Clinical Chemistry, vol.49(4), 2004, p. 624–633. Disponible en: <http://www.scopus.com/inward/record.url?eid=2-s2.0-0037380904&partnerID=40&md5=4d864724aa35811d3a4d6fe0daabf9f5>

NATIONAL INSTITUTE OF HEALT. NIH of. 2012AA SNOMED CT Source Information. [en línea]. 2012. Disponible en: <http://www.nlm.nih.gov/research/umls/sourcereleasedocs/current/SNOMEDCT/index.html>

OLAYA, German y GUERRERO, German. Sistema de informacion en salud unificado en Cundinamarca. [en línea]. Bogotá D.C. 2012, 26 p. Disponible en: <http://www.cundinamarca.gov.co/Cundinamarca/Archivos/fileo_otrssecciones/fileo_otrssecciones8133955.pdf>

OPS. Edición electrónica de la CIE-10. [en línea]. 2010. Disponible en: <http://eciemaps.mspsi.es/ecieMaps/browser/index_10_2008.html>

OpenEHR.org. OpenEHR. [en línea]. Disponible en: <http://www.openehr.org/what_is_openehr>

OSORIO, Cristian. Nodo de Innovación Salud. . [en línea]. Bogotá D.C.. 2012. Disponible en: <http://vivedigital.gov.co/idi/wp-content/uploads/2012/08/Presentaci%C3%B3n-NDI-Salud1.pdf>

ROLDÁN, Maria; GÓMEZ, Luis y OSORIO, Jair. Análisis de los sistemas de costos utilizados en las entidades del Sector salud en Colombia y su utilidad para la toma de decisiones. [en línea]. En: Revista del Instituto Internacional de Costos. 2009.

vol. 5. p. 31. Disponible en: <http://www.revistaiic.org/articulos/num5/articulo21_esp.pdf>

ROSEN, Michael. Applied {SOA} service-oriented architecture and design strategies. [en línea]. 2008. Disponible en: <http://site.ebrary.com/id/10248895>

SHAKIR, Abdul – Malik. Reference Informaion Model-Based Relational Database Design. Vancouver: Hl7 International. [en línea]. 2008. Disponible en: <http://www.slideshare.net/AShakir/rim-based-relational-database-design-tutorial-september-2008>

TAMURA, Gabriel; VILLEGAS, Nhora y PORTILLA, Fernando. Aspectos metodológicos del proceso de adopción del estándar HL7v3 en Colombia: la experiencia del Comité Técnico de Casos de Uso de Laboratorio Clínico. [en línea]. En: Revista Sistemas y Telemática. 2009. vol. 7.p 20. Disponible en: <http://bibliotecadigital.icesi.edu.co/biblioteca_digital/bitstream/item/2134/1/aspectos_metodologicos_hl7.pdf>

TRIANA, H. S. Agenda estratégica de innovación - Nodo salud. . [en línea]. Bogotá D.C. 2012. Disponible en: <http://vivedigital.gov.co/idi/wp-content/uploads/2012/09/Agenda-Estrat%C3%A9gica-de-Innovaci%C3%B3n-Salud.pdf>

VILALTA, Josep. Estado del arte en interoperabilidad. [en línea]. Madrid, December 20, 2012. Disponible en: <http://www.seis.es/documentos/foros/SEIS_EstadoArteInteroperabilidad>

________. Seminario Técnico HL7. [en línea]. 2004. Disponible en: <http://www.hl7spain.org/documents/tutoriales_HL7/semHL7_presentacionV3.pdf>

Wso2. Practical SOA for the solution architect. [en línea]. 2011. p. 31. Disponible en: <http://wso2.com/whitepapers/practical-soa-for-the-solution-architect/>

[en línea]. Open Health Tools Model-Driven Health Tools. Disponible en: <https://www.projects.openhealthtools.org/sf/projects/mdht/>

yes

I want morebooks!

Buy your books fast and straightforward online - at one of world's fastest growing online book stores! Environmentally sound due to Print-on-Demand technologies.

Buy your books online at
www.morebooks.shop

¡Compre sus libros rápido y directo en internet, en una de las librerías en línea con mayor crecimiento en el mundo! Producción que protege el medio ambiente a través de las tecnologías de impresión bajo demanda.

Compre sus libros online en
www.morebooks.shop

KS OmniScriptum Publishing
Brivibas gatve 197
LV-1039 Riga, Latvia
Telefax: +371 686 204 55

info@omniscriptum.com
www.omniscriptum.com

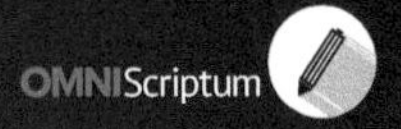

Printed by Books on Demand GmbH, Norderstedt / Germany